知的生きかた文庫

# 戦国知将「強者の論理」

鈴木　亨



三笠書房

# はじめに　乱世を生き抜く知恵――「強者の論理」

　歴史に今日の私たちが教訓とすべきことは多々あると思う。ことに戦国武将は命を賭けて乱世を生き抜こうとした。現代の私たちは、受験戦争からはじまって、組織のなかでの出世競争、企業間の生存競争など、場合によっては戦国時代よりもはるかに過酷な競争社会に身を置いているといえるかもしれない。そんな私たちにとって、必死に生きた戦国武将たちの言行が参考にならないわけはないと私は思う。

　この本で取り上げた武将たちは、いずれも乱世を生き抜いた者ばかりである。トップに立った者もいれば、それを支えた参謀もいる。トップにはそれにふさわしい生き方が求められるし、参謀には参謀としての役割がある。大ざっぱにいって、トップには統率力・決断力が求められようし、参謀には企画力、実行力が必要だろう。しかし、乱世にあってその目的とするのは唯一、「強者になる」ということである。弱者では戦国の世は生きていけないのだ。他よりも強くなること、それが生き抜くために必須の条件だった。戦国武将たちはそのために全知全能を傾けて取り組んだ。

私たちは、戦国武将がどうして成功したか、なぜ失敗したのかという結果を知っている。そこから教訓を読み取ることは簡単だ。要するに成功した者の言動を参考にし、失敗した者と同じ轍を踏まなければいいのである。それが後世に生きる私たちの強みでもあろう。

もちろん、戦国武将たちの生き方には、競争社会で強者になる術ばかりでなく、私たちの日常生活の上でも参考にすべき点は多々ある。たとえば上司や同僚との接し方、人の使い方、家族の在り方等々である。しかし、それらもまた現代を生き抜き、強者となるための重要な要素であろう。

もちろん過去の歴史と現代とでは社会の状況も違えば、人の考え方も違う。しかし、そうした違いを超えても、なお戦国武将たちの生き様には学ぶべきことが多くあるはずだ。それをこの本からいささかなりとも読み取っていただければ幸いである。

なお本書の刊行にあたって、三十年来の畏友、細谷敏雄氏にお世話になった。執筆に際しては片野純恵氏のご協力を得ている。お礼申し上げたい。

鈴木　亨

目次



## 第一章　「勝つためには、手段を厭わない」という論理

第二章 「非情」になりきれなかった武将の結末



第三章 「頭」を第一の武器にした男、「金」を第一の武器にした男

## 第四章　ナンバー1にのしあがるための論理

## 第五章 トップに一目置かせた〝懐刀〟の巧みな生き方

## 第六章　〝欠点〟を武器にすりかえる考え方



## 第七章　「自分を活かす道」を見出した男たち

# 第一章

# 「勝つためには、手段を厭わない」という論理

# 北条早雲《ほうじょうそううん》——隠居したと見せかけ、背後から突く〝闇討ち〟

永享《えいきょう》四年（一四三二）備中に生まれたと伝えられる。初め伊勢新九郎、剃髪《ていはつ》して宗瑞《そうずい》早雲。一介の浪人より身を起こして相模《さがみ》国小田原城主、後北条氏の祖となる。永正《えいしょう》十六年（一五一九）八月、八十八歳で没。

## 青雲の志に年齢の壁はない

伊勢新九郎長氏《ながうじ》こと北条早雲の氏素性《うじすじょう》についてはわからない。しかし、わずかにそれを伝える文献はある。それによれば、父は伊勢新三郎行長《ゆきなが》、あるいは伊勢備中守貞《さだ》藤《ふじ》で、応仁の乱の際、伊勢に移ったという。

文明元年（一四六九）、早雲は駿河《するが》に姿を現わしている。商人姿で六人の仲間がいた。荒木兵庫頭《ひょうごのかみ》・多目権兵衛・山中才四郎・荒川又次郎・大道寺太郎・在竹兵衛尉ら七人は互いに争わず、助け合って功名を立てることを誓い、誰か一国の主になったら、他の六人が家来になる盟約を交わしていた。このとき、早雲は三十七歳である。青雲の志を立てるには、当時では遅い。しかし、早雲の前に年齢などというものはない。

「こう天下を見回すに、いまほど功名をあげ、富を得るによい機会はない。思うに関八州は地勢高く爽《さわ》やかで人も馬も強靱《きょうじん》である。昔より武断の地といわれている。そのうえ、永享以来、これといった実力者もいない。この地に足場をもつことができれば、必ずや天下をも狙《ねら》えよう。如何かな、共に東国に下り、ひと旗揚げてみるのも面白いではないか」

と、早雲は仲間にハッパをかけたらしい。もっとも早雲は、なんの勝算もなく闇雲《やみくも》に事を企てたわけではない。分別と忍耐の十分に備わっている年齢でもあった。

## 内紛を治めた早雲の周到な準備

そのころ、関東への入り口の駿河に居を置くのは守護《しゅご》今川氏である。当主義忠《よしただ》の側室北川氏は早雲の姉(叔母とも)であった。早雲は、ひとまずこの縁故を頼って駿河に来たのだった。

早雲の持ち味の一つは、決して焦《あせ》らないということである。早雲はここで七年間の食客《しょっかく》生活を送った。

文明八年(一四七六)、今川義忠が一揆《いっき》のために討ち死にした。北川殿の産んだ嗣《し》子《し》竜王丸はまだ七歳だった。家中は老臣三浦氏と朝比奈氏の二派に分かれて乱を起こす。北川殿は騒ぎを逃れて竜王丸を連れて身を隠した。今川家の内紛を見て、待ってましたとばかり扇谷上杉《おうぎがやつうえすぎ》氏が、内乱鎮圧を口実に兵を差し向けてきた。伊豆《いず》御所（堀《ほり》越公方《こしくぼう》）足利政知《まさとも》からも糾問《きゅうもん》の使者がやってくる。

ここで早雲の出番である。早雲は双方の使者の前に出て、

「このように家中が二つに分かれて争うのは、今川家の滅亡を招きます。争いのために主家が滅ぶとあれば、これほどの裏切りはありません。皆様のご尽力を無視してなおも争うようであれば、私が京都のお下知《げち》を承り、伊豆御所ともお打ち合わせして、何《いず》れか一方を討ち果たしましょう。もしお口添えを受け入れて、双方和睦《わぼく》に相成りますれば、私は竜王丸さまのご在所を存じておりますので、お迎えして館《やかた》にお戻しする所存にございます」

という。もっともな申し出なので、足利・上杉の使者は承知し、対立する両陣営に早雲のいうところを伝えた。

実のところ、三浦も朝比奈も主人の行方《ゆくえ》もわからぬのに戦いつづけることにうんざりしていた。渡りに舟と、和睦を受け入れ、堀越足利・扇谷上杉両氏は軍を引いた。

長享《ちょうきょう》元年（一四八七）、このときの恩賞として早雲は駿河富士郡下方の庄（沼津市浮島）にある興国寺《こうこくじ》城を得る。念願の第一歩を踏み出したのである。

約束どおり同志六人は早雲の家臣になり、その後末永く早雲の傍らで補佐した。この一件、先代今川義忠が死んだ時点から、早雲たちの周到な家内調査と準備が重ねられていたに相違ない。

竜王丸も元服して上総介氏親《かずさのすけうじちか》を名乗る。

## 〝急がば回れ〟を地で行く戦術

明くる長享《ちょうきょう》二年、早雲は北条氏を名乗って伊豆《いず》の韮山《にらやま》城に移った。韮山城主である伊豆北条氏は北条高時《たかとき》の流れをくみ、早雲の母はその一族の娘であった。その縁で早雲が養子に迎えられたというのだが、真偽のほどは不明である。

次に早雲が大きく動くのは延徳《えんとく》三年（一四九一）である。その四年間、早雲はもっぱら内政に努めた。

政令を出して領民の悩み苦しみを調べあげた。税を軽くして農業を奨励する。手元にある金銭を低利で貸し付ける。会いに来る者には快く面談し、しょっちゅうやってきて顔なじみになれば、債務を免じてやることもあった。そのため、城下にはしだいに人が集まり、大きな集落となって繁盛した。

延徳三年四月、伊豆の堀越公方《ほりこしくぼう》政知《まさとも》が死んで、嫡男茶々丸《ちゃちゃまる》が跡を継いだ。茶々丸は酒乱の上、継母とその子を殺すという暴虐に出た。

かねてから伊豆を手に入れようと狙《ねら》っていた早雲は、これをチャンスと動き出した。

だが、急がば回れ。早雲は跡目を子氏綱《うじつな》に譲ると、

「わしは病身のうえ、歳六十を超えて余命も残り少ない。弓矢を捨てて世を安楽に過ごそうと思う」

といい、髪を剃《そ》って名を早雲庵宗瑞《そうずい》と改めた。早雲と呼ばれるようになったのは、実はこのときからである。

そして、弘法大師の霊跡を巡拝するといって伊豆の修善《しゅぜん》寺に詣で、温泉などにつかっている。ところが、どうしてどうして、ゆっくり物見遊山《ゆさん》に耽《ふけ》っていたわけではない。退屈を紛《まぎ》らわすためといって、近隣の猟師や木こりを相手に四方《よも》山《やま》話を交わし、その間に、伊豆四郡の地形はもちろん、一郡に配置されている武士たちの身分まで調べ上げて、駿河に戻った。その一方で、堀越公方を担ぐ山内上杉氏に対抗するため、

扇谷上杉氏に誼《よし》みを通じるという手を打っておく。

時期を待つのは忍耐強いが、ここぞというときに迅速果敢《じんそくかかん》に行動を起こすのが早雲流だ。手勢二百に今川の援兵三百を率いて清水港から伊豆へ押し渡り、堀越館を包囲して火を掛けた。茶々丸は戦いに敗れ、願成就院《がんじょうじゅいん》で自害、堀越公方は消滅する。

## "民は子"の政策で、人心を掴む!

この戦いで伊豆の人々は早雲の軍隊を恐れ、逃げ隠れた。早雲は三箇条の禁令を発し、高札《こうさつ》にして里ごとに建てた。

一、空き家に入って諸道具に手を掛ける事

一、銭に当たる物をなんであれ取る事

一、国中の侍《さむらい》、並びに土民にいたるまで住居を捨て去る事

右に背く者は、その稼《かせ》ぎを踏み壊し家に火をかける。

また、自ら村落を視察して回ると、病人ばかりで健康者が少ない。聞くと、疫病《えきびょう》が流行《はや》って、動ける者は皆、山奥へ逃げたという。早雲は早速医者を呼び薬を与えて、五百人ほどの兵を看護に当たらせた。お陰で治った者は逃げた親族を呼び寄せたので、

戻った者たちは喜んで礼をいいにやってくる。噂《うわさ》を聞いてあちらからもこちらからも人々がやってきて、自分はどこそこに住む侍だとか、何村の肝煎《きもいり》だとか名乗りを上げ、早雲への帰属を誓った。一ヵ月ばかりの間に、国中のほとんどの地侍が味方についたという。

早雲は伊豆を平らげ、堀越の知行分だけを自分の領地に加え、そのほかはもとの地頭《とう》のものとしたので、慕い寄る国人《こくじん》たちが多かった。早雲はこうした土地の古老や武士たちを集めて、

「国主にとって民は子、国主は親である。これは昔から定まっている道だ。世が末になると武家は欲深になり、少ない田地を多く見積もって税をかけ、そのほか夫銭《ぶせん》（夫役《ぶやく》の代わりの金銭）、棟別銭《むなべちせん》（家の棟ごとにかかる税金）、野山の使役など、なにかにつけて搾《しぼ》り取る。このような民がわたしにははなはだ哀れだ。わたしはいまはお前たちにとっては主君だ。この世に生まれて主となり民となったのも何かの縁だろう。わしはお前たちが豊かに暮らせるのが望みだ。これからは租税を五分の一に減らし、他のもろもろの税を免じることとしたい。また、家臣たちがわしの命令に背き、お前たちを痛めつけるようなことがあれば、すぐに訴え出るがいい。聴《き》いてつかわそう」

と、いった。聴く人は皆感激して忠誠を誓った。

早雲はまた、おのれのカリスマ性を強調することも忘れなかった。

ある日、伊豆の三島神社に参籠《さんろう》した。広い原っぱに二本の杉の大木が立っていた。そこへ一匹のネズミがちょろちょろと出てきて杉の根をかじりはじめた。いつの間にか、ネズミは早雲自身になっていた。ネズミは一心にかじりつづけ、やがて大木は倒れた。と、ネズミは大きなトラとなった……と思うや、目が覚めた。

「わしは子年《ねどし》生まれ。二本の杉は両上杉だ。これはわしが上杉を倒すという神託《しんたく》に相違ない」

と早雲はみずから夢解きをし、家臣たちにも語った。

早雲が本当にそういう夢を見たかどうかは検証のしようがない。しかし、それを聞かされた家臣たちは真実、神のお告げと信じ、奮い立ったに違いない。

## 強者は三代先まで見据える!

明応《めいおう》四年(一四九五)九月、早雲は相模《さがみ》小田原城の大森藤頼《ふじより》を攻めた。先代の氏頼が死んで好機到来と見たのである。大森は扇谷上杉《おうぎがやつうえすぎ》と婚姻関係を結んでおり、上杉の力をそごうとする早雲には邪魔な存在だった。それに伊豆から関東に出るには、どうしてもここを押さえておく必要があった。

早雲は藤頼と偽りの友好を結び、箱根山で鹿狩りをすることを伝えた。そうしておいて、大勢の兵士を勢子《せこ》に仕立て、西相模の地侍《じざむらい》たちを味方に引き入れ、山の上から小田原城目がけて一気に夜討ちをかけた。不意を衝かれて防戦する暇もなく城は落ち、藤頼は真田（平塚市）まで逃れて自害した。

その後も、早雲は焦《あせ》らなかった。小田原城の守備を家臣に任せると、自分は韮山《にらやま》に戻って民政の安定に努めた。

早雲の読みによれば、両上杉は争いを繰り返しつつ自らの力を弱めていくはずであった。早雲は必要に応じて兵を出すことはしたが、おのれの力を弱めるような大戦には手を出さなかった。後北条氏が関東に覇《は》を唱えるには、二、三代を待たなくてはならない。それは、早雲の計算どおりでもあった。

なお、早雲の興した北条氏は後北条氏と呼ばれているが、これは鎌倉幕府執権の北条氏との区別のため、便宜上用いられている呼び名である。

## 尼子《あまこ》経久《つねひさ》

### 敵を骨抜きにする〝甘言〟

長禄《ちょうろく》二年（一四五八）、出雲国富田《とだ》月山《がっさん》城に生まれる。父は近江《おうみ》佐々木氏の出雲守護代《いずもしゅごだい》清定。いったん富田を追われ、のち奪還。出雲《いずも》・隠岐《おき》・因幡《いなば》・伯耆《ほうき》・石見など中国地方十一ヵ国を支配。天文《てんぶん》十年（一五四一）没。

#### 貴賤にこだわらない起用

この時代、東国の武士たちはおのれの武力を頼り荒々しく立ち回ったが、西国大名たちは、権謀術数《けんぼうじゅつすう》をつくし、情報戦を駆使して力を広げていった傾向にある。

経久《つねひさ》は近江佐々木氏の出雲守護代のとき、主家に背いたため、富田城を追われた。以後、諸国を流浪《るろう》し、坊主のまねごとなどをして日を送ったが、どうしても富田の城主に返り咲きたかった。とはいえ、元の家臣たちはほとんど出雲を離れていた。ただ一人、一族の山中勝重《かつしげ》だけが、仕官もならず、国元でひっそりと暮らしていた。

密《ひそ》かに出雲に戻った経久は、勝重を訪れ、再起の志を語った。勝重とていつまでもこのままでいるつもりはない。さっそく同志を募ると、十七人ばかりが応じてきた。

とはいえ、この人数で城を奪い取ることはできない。いまは塩冶《えんや》掃部助《かもんのすけ》という代官が守護代となって城に入り、その勢力は辺りを圧していた。

経久はふと賀麻《がま》の治郎三郎・兵衛という兄弟を思い出した。賀麻は出雲周辺の鉢屋といわれる遊芸人集団をたばねる頭《かしら》であった。その時代、芸人は一般の人々から一段低く見られる身分で、日常には交わりがなかった。そのため、護身として密かに軍事力ももっている。経久が城主であった頃、招いて曲舞《くせまい》などさせ、面識があった。経久は兄弟を呼び寄せ、助力を頼んだ。

「本望を達した暁には、褒美《ほうび》は望みにまかせよう」

という経久の言葉に、二人は地面にひれ伏し、

「かくなるうえは、一族一党、身を粉にされ、肉を塩漬けにされようと、恐れはいたしません。どのようにとも、仰せつけられませ」

との頼もしい返事に、経久は大いに力を得た。

さて、富田の城では、新年初頭、千秋万歳を舞うのが恒例であった。例年は卯《う》の上《じよう》刻《こく》（午前六時過ぎ）に上演されるのであったが、この年、文明十七年（一四八五）にはなぜか二時間も早まった。大鼓がにぎやかに鳴り響くなか、烏帽子《えぼし》に素袍《すおう》姿の踊り

手が七十人余り、踊りながら城門を入った。

「なんと、今年は早く万歳が入ったのう。何にしても目出度《めでた》いことじゃ」などといいながら、人々は会場の二の丸の大庭に集まった。と、間もなく、「火事だ、火事だ」という声が、城内のあちこちから起こった。

「何事か」と驚くなか、本丸の方から鬨《とき》の声があがる。経久の手の者が、丑の刻《うしのこく》（午前二時）頃から密かに忍び込んでいたのであった。人々が騒然として慌《あわ》てふためくところに、踊り手たちは一斉に素袍をかなぐり捨て、大刀を振り上げて斬って掛かった。城兵は武器をとるまもなく斬り立てられ、右往左往して逃げ回るばかりであった。

掃部助はあっけなく討ち取られ、城は落ちた。

## 敵を骨抜きにした〝美味しい話〟

富田の城を取り返した経久は、出雲の国一円を支配したが、まだ三沢・三刀屋《みとや》・赤穴といった有力国人《こくじん》が従わなかった。経久はここでもまた、一計を案じた。

それから間もなく、山中勘助《かんすけ》という者が富田の城を脱走した。経久の徒士《かち》の者と口論の末、これを斬り殺したというのである。勘助は三沢為忠を頼って、受け入れられた。怒った経久は勘助の母と妻子を牢屋に入れた。

勘助は二年余り忠実につとめた。ある日、勘助は為忠に向かい、

「武士同士が喧嘩口論で相手を討ち立ち退くなど、世間によくあることです。それを、なんの罪もない母や妻子を捕らえて入牢させるなど、もってのほかのやり方で、無念この上もありません。どうか、私に三百ほどの兵をお貸しください。富田の城は、隅の隅までよく存じております。夜討ちしてうっぷんを晴らしたいとかねてから計画を練っておりました。さいわい、城内の私の一門にも、三人ばかり同心の者がおります。経久の首、必ず取ってご覧に入れましょう」

という。為忠は大いに喜んだ。労せずして富田の城が手に入るチャンスである。さっそく、三百といわず五百の家中きっての精鋭部隊を勘助に与えた。

さて、経久は三沢からの筋道の三ヵ所に伏兵を置き、勘助らの通過を見送った。いうまでもなく、かねてからの打ち合わせ通りであった。

勘助は富田城の搦め手《からて》近くまで忍び寄ると、「一族の者が手引きのため城外に出ているはずだ。様子を見てくる」といって一人で出かけて行った。そのあと、突如として城内から鬨の声とともに千人余りが打って出た。

「謀られたか」と三沢の兵たちは驚き慌《あわ》てて防戦したが、予期せぬうえに多勢に無勢、ようやく切り開いて引くなかを、こんどは伏兵に行く手を遮《さえぎ》られ、ほうほうの体《てい》で引き揚げた。およそ三百近くが討ち取られたという。

この戦いで為忠は麾下《きか》の主力部隊を失い、力尽きて降伏した。美味しい話にうまうまと乗った為忠の浅慮《せんりょ》のなせるところである。

三沢の降伏で、出雲地方はことごとく経久に従った。

## 強者の落とし穴

かくて出雲を中心に十一ヵ国を支配した経久だったが、晩年は病気がちであった。天文《てんぶん》六年（一五三七）家督を孫の晴久《はるひさ》が継いだ。経久は齢《よわい》八十歳。二十年前の戦いに長子政久《まさひさ》を失っていたので、これまで頑張ってきたが、この頃は足腰もままならぬほど衰えていた。晴久はまだ二十四歳であったので後見《こうけん》を自分の弟義勝《よしかつ》に任せたが、晴久は義勝の進言をなかなか聞き入れず経久のいうことにも耳を傾けない。

この頃、中国地方は西に大内氏あり、東の尼子《あまこ》氏と勢力を二分していた。安芸《あき》郡山《こおりやま》城の毛利《もうり》元就《もとなり》は初め尼子氏の配下にあったが、晴久と馬が合わず、しだいに大内氏に傾いていった。そこで天文九年、晴久は一気に毛利を潰《つぶ》そうと思い立った。宿老たちは隠居した経久の意見を求めるよう強く望んだ。経久は即座に反対した。

「いま元就追討の兵を挙げるのは得策ではない。元就は大将の器《うつわ》を備えている。ここで晴久が数万の兵を率いて攻めても、すぐに勝利することはできまい。大軍を率いたまま長引けば諸軍は退屈し、油断するところを夜討ち朝駆けでもされれば思わざる難儀が重なる。そのようなとき、大内が数万の軍勢で毛利の後《うし》ろ巻《ま》きをしたら、元就一人でさえ攻めあぐむのに、それでは太刀打《たちう》ちはできまい。

事を急ぐな。まず石見《いわみ》・備後《びんご》など、いまだ不穏の動きのある諸豪を押さえ、周辺を固めてから安芸に攻め込んでも遅くはない。後ろが堅固であれば、少々の敗戦は怖《こわ》くはない。それをせずにかろがろしく前進し、長い道のりを安芸の吉田まで攻め入るとも、もし戦い敗れて退くとなれば、退路を失って全滅するのは目に見えている。毛利との戦いは先に延ばし、まず足下を固めながら少しずつ包囲網を縮める作戦こそ、元就を倒す唯一の方法だ」

と諭《さと》した。しかし、経久は明くる年に病没。晴久は祖父の忠告も、大叔父義勝の反対も無視して戦闘に入り、手痛い敗北を蒙った。

## 斎藤道三《さいとうどうさん》

## 上役をことごとく「踏み台」にした〝悪の手口〟

明応《めいおう》三年（一四九四）山城《やましろ》国生まれ。父松波基宗《まつなみもとむね》。幼名峰丸。僧籍に入り還俗《げんぞく》して油屋となり、のち美濃《みの》の守護《しゅご》土岐《とき》氏に仕え斎藤を名乗る。主家の内紛に乗じて美濃を横領。弘治《こうじ》二年（一五五六）息子義龍《よしたつ》に殺される。

### 油売りから始まった出世道

「戦国の梟雄《きょうゆう》」という言葉がある。もとは中国の『三国志』にある蜀王劉備玄徳《しょくおうりゅうびげんとく》を指したものらしいが、日本の戦国時代では斎藤道三ということでほぼ一致している。梟雄とは「忠を除き、善を害す猛々《たけだけ》しさ」というから、あまりよいイメージではない。

道三の生家の松波家は院の御所を守る北面《ほくめん》の武士だったという。十一歳のとき、京都の名刹妙覚寺《めいさつみょうかく》に入れられている。学問はよくできたが、坊さんになる気などさらさらなく、勝手に還俗《げんぞく》して松波庄九郎と名乗り、兵法や武芸に熱中した。

その後、京都山崎の奈良屋という商人の婿《むこ》になり、山崎屋庄九郎と名乗って油屋をはじめた。油屋といっても店を構えたわけではない。天秤棒の両端に油桶を下げ、量《はか》り売りをして商う、いわゆる棒手振《ぼうてふり》である。

「さあさ、見ておいでんさい、寄っておいでんさい」

香具師《やし》の口上よろしく弁舌さわやかに人を集め、道三がやって見せたことに人々は驚いた。油桶から柄杓《ひしやく》で油を汲み、客のもってきた細口の油壺に移すのに漏斗《ろうと》を使わず、一文銭の穴の間から、たらーり、たらーりと落として見せるのだ。

「油がちょっとでもこぼれたら、銭はいらないよ」

周りはいつも人だかりで、油は飛ぶように売れる。

こうして行商をつづけながら、道三は美濃《みの》の国へやってきた。

## 機を見てすかさず取り入る才覚

そのころ美濃は、守護の土岐《とき》氏をめぐって内紛があり、国内は数十年の間、乱れに乱れていた。こういうところに目をつけた道三は、妙覚寺《みようかく》時代の同朋が常在寺の住職になっているのを頼って、土岐氏の家老長井長弘《ながひろ》に取り入った。

一説によると、長井氏の家臣矢野五左衛門という者が、例のたらーり、たらーりを見てその集中力に感服し、一介の油屋にしておくのは惜しいと呟《つぶや》いた。それを耳にした道三は、三間（約五メートル）の長柄の槍をつくり、槍先を尖《とが》らせて、木の枝から糸でつるした一文銭の穴を目がけて「やーっ」と突き出し、穴に槍先を通す練習をはじめた。初めは銭が揺れて目標が定まらなかったが、執念というものは恐ろしいもので、やがて槍先が通るようになる。

道三は百発百中、槍先が通る自信がもてるまでになると、五左衛門に腕前を披露《ひろう》しに出かけた。驚嘆した五左衛門は弓槍鉄砲の名手として道三を主人の長弘に推挙した。このとき、名前を武士らしく松波利政《としまさ》に改めたという。

長弘は跡継ぎの絶えた家臣の西村家を道三に継がせ、西村勘九郎秀元という武士として土岐氏の二男頼芸《よりしげ》に目通りさせた。頼芸は道三の巧みな弁舌と気働きのよさにすっかり惚《ほ》れ込み、長弘から奪うようにして道三を自分の側近とした。

## 蝮《まむし》の如き執拗《しつよう》さで権力を狙う

道三が、あわよくば美濃の守護職《しゅごしき》をとの野望を抱いたのはいつ頃からであったのだろうか。結果から見ると、油売りとして美濃入りしたときからそれを計算していたのではないかとさえ思われる。それほど、打つ手は鮮やかであった。

大永《たいえい》七年（一五二七）、道三は頼芸をそそのかして、頼芸の兄盛頼《もりより》を川手城に攻めた。道三は、

「殿は、ただこの稲葉山城にてお待ちください。明日には、この利政が朗報をおもちいたしましょう」

といい、三千二百の兵を率いて夜討ちをかけた。川手城では思いもかけない襲撃だったので城内は大混乱となり、防戦もままならない。

道三にとっては最初の実戦である。この先の運命を長槍にかけて、先頭立って攻めまくった。『大日本野史』によると、道三は長槍の柄に酒樽《さかだる》を荒縄で縛《しば》りつけ、これを肩にかけて敵中に躍り込み、敵に遭うと酒樽を投げ出して飛び乗り、相手が仰向《あおむ》くところを上から突き刺したという。

盛頼は城を捨て、朝倉氏を頼って越前《えちぜん》に逃れた。頼芸は手を汚すことなく美濃の守護職を手に入れた。

それからわずか三年後の享禄《きょうろく》三年（一五三〇）、道三は長井長弘が謀反《むほん》を起こそうとしていると、頼芸に吹き込んだ。頼芸はこのたびも道三の甘言令色《かんげんれいしょく》に惑《まど》わされた。長弘は「上意討ち」の名のもとに道三に斬り殺された。自分が目をかけて引き上げて

やった道三にである。そのうえ道三は長弘の遺児の家督相続を許さず、自らが長井新九郎を名乗って土岐家の家老職を手に入れた。

天文《てんぶん》七年（一五三八）、守護代斎藤利良《としよし》が病死すると、今度は斎藤山城守秀龍《やましろのかみひでたつ》として美濃守護代となる。のち、剃髪《ていはつ》して山城入道道三。まさにしたい放題であったが、頼芸は道三のいいなりであった。

最後の仕上げは天文十一年である。道三は大桑《おおくわ》城にいた土岐頼芸を襲って尾張《おわり》に追放し、美濃一国を手に入れることに成功した。油売りをしながら美濃に入ってわずか十数年のことである。このとき、道三は四十九歳であった。

のちに「下克上《げこくじょう》」といわれた世の中であったが、これほど見事に、冷徹非情《れいてつひじょう》に上昇の階段を駆け上がった者は他にいない。世の人々は、一度食らいついたら離さないこの執拗《しつよう》さから「蝮《まむし》の道三」と渾名《あだな》した。

しかし、この道三を「悪者」として糾弾《きゆうだん》するのは公平ではなかろう。時代には時代の道徳律があり、後世の物差しで決めつけることはできない。忠孝などという儒教的考えが広まっていたとは思えないし、第一、人々は古い時代を引きずっていた武士団にはあきあきしていたはずだ。やり方は少々荒っぽいが、道三の生き方は、新しい時代の幕開けを示しているともいえる。

## 狂った目利き――息子の器量を見誤り命運尽きる

道三が「大うつけ」と噂《うわさ》される娘婿の織田信長に、非凡な才能を見抜いたエピソードは『信長公記』に詳しい。

その道三が自分の息子義龍《よしたつ》の資質を見抜けなかったのは、道三一生の痛恨事《つうこんじ》であった。道三の目を狂わせる要因の一つに義龍の出生がある。義龍の母深吉野《みよしの》は、もと土《と》岐《き》頼芸《よりしげ》の妾だったという。その側室を道三がもらい受けた。あるいは道三が自分の妾を頼芸に押しつけたとの説もある。いずれにしても義龍が道三の子であるか頼芸の子であるか、深吉野自身にもわからなかったのではあるまいか。

しかし、道三が主を追放するという大それたことをしでかすと、世間は義龍を頼芸の子として噂するようになる。当然それは義龍の耳にも入る。道三自身も悩んだに違いない。二人の間は自然疎《うと》ましくなる。それに、義龍はなぜか幼いときから暗愚に見えたのである。それに比べ、二人の弟は誰の目にも利発に映った。

道三は義龍の廃嫡《はいちゃく》を決め、不用意にもそれを近親に漏らしてしまった。それを知った義龍は、先手を打って弟たちを殺し、父親に反旗を翻《ひるがえ》した。弘治《こうじ》二年（一五五六）正月、義龍の拠《よ》る稲葉山城には一万七千の将兵が集まった。道三の鷺山《さぎやま》城に駆けつけたのはわずかに二千余騎に過ぎなかった。表面は道三に服従していても、守護土岐氏の胤《いん》（血すじ）だと聞けば、そちらに味方したい国人《こくじん》が多かったということだろう。

「道三は虎質狼心、殺を嗜《たしな》み残忍なり。義龍は顕達宏才、士を愛し衆を撫す」

と古人は記している。「道三はトラやオオカミのように猛々《たけだけ》しく残忍であり、義龍は賢く心が広く人に優しい」といっているのである。弟を殺すのが心の広い人のやり口とは思えないが、当時の人々の心情であったろう。

ところで、道三は義龍の陣構えを見て驚いた。

「かの指揮ぶりはわしも及ばぬ。今日の戦いでわしは死ぬかも知らぬが恨《うら》みも悔《く》いもない。わしとても最初から義龍を憎んでいたわけではない。この道三の後継者として相応《ふさわ》しからぬと思っただけだ。万事が、彼の器量を見抜けなかったわしの不明のいたすところだ」

と、後悔した。この戦いに、道三は信長の援軍を要請していたが、織田軍の到着の前に討たれ、首を刎《は》ねられた。他人を見る目は鋭くとも、身内には曇るということか。

# 毛利《もうり》元就《もとなり》――戦わずに敵を潰す「嘘」のつき方

明応《めいおう》六年（一四九七）、安芸《あき》国高田郡吉田に毛利弘元《ひろもと》の二男として出生。幼名松寿丸《しょうじゅまる》。亡兄の跡を継ぎ郡山《こおりやま》城主となり大内氏に属する。のち領国を拡大、山陽・山陰・西海十三州を平らげる。元亀《げんき》二年（一五七一）没。

## 逆風が吹いても志は高く

安芸《あき》郡山《こおりやま》城主の毛利家は西国で一国一城の主とはいえ、西に大内氏、北に尼子《あまこ》氏の大国に脅《おびや》かされ、両国の顔色を窺《うかが》いつつ怯《おび》え暮らす弱小国に過ぎなかった。このような小国の常で、近隣国との小競り合いは日常茶飯《さはんじ》事、国内では有力家臣の横暴を押さえることができない。

元就は十歳のときに父弘元《ひろもと》を失った。父の遺領多治比《たじひ》の三百貫を譲られ猿掛《さるがけ》城に入った。しかし、これを不服とした譜代の重臣井上元盛《もともり》に追い出される。

このような逆境のなかでも、元就の志は高かった。十二歳のときのエピソードがある。毛利の守り神である厳島《いつくしま》神社に詣でての帰り、

「今日は何を祈ったか」

と、元就は供の者たちに聞いた。みな、若い元就の気に入りそうな答えをあれこれ述べ立てた。なかに一人、傅役《もりやく》の者が答えた。

「殿に中国を皆取らせ給えと、祈願いたしました」

「中国とは愚かなこと。日本国を制するようにと願えばいいものを」

「まず、近くをすべて収めることこそが、第一でございましょう」

という傅役に、元就はたしなめた。

「ことごとく日本を手に入れようとしても、ようよう中国を取ることができよう。中国を手にするには、何を目指せばよいというのだ」

## 〝五分〟の戦いを制した嘘

天文《てんぶん》九年(一五四〇)九月、尼子《あまこ》晴久《はるひさ》が大軍をもって郡山《こおりやま》城を囲んだ。毛利《もうり》元就《もとなり》は大内義隆《よしたか》に援軍を求め、義隆は一万の兵を差し向けた。明くる十年、激しい戦闘の後、両軍は硬直状態に陥った。

するとある夜、郡山城のある吉田を囲む山々の上に、幾千ともしれぬ狼煙《のろし》が上がった。と、寄せ手の尼子軍のなかに流言が飛んだ。

「あれは土佐の一条の援軍か、伊予《いよ》の河野かもしれぬ」

「こちらは肥前《ひぜん》の龍造寺《りゅうぞうじ》か、いや、豊後《ぶんご》の大友だ」

「まさか」と、疑う者もあったが、一度怖気《おじけ》づくと止《とど》まるところを知らない。尼子軍は疑心暗鬼《ぎしんあんき》のまま朝を迎えた。すると、北の丹比山の上に軍旗がはためき、人影らしいものがうごめいて見える。

「やはり援軍だ」と浮き足立った尼子軍は、退け々々と騒ぎ立て逃げ帰った。実は山の人影は人形であり、深夜の狼煙も晴久陣内での騒ぎも、元就の作戦であった。

この戦いに先立って、尼子晴久は近従を一人、罪を得て追い出したふりをして毛利へ入れていた。元就は晴久の企てを見抜いていたが、知らぬ振りでその者をそば近く召し抱えた。

いよいよ晴久が吉田へ向かったと聞いた元就は、周りの者たちに嘆いてみせた。

「晴久が冑山《かぶとやま》に陣を敷けば都合がいい。もし三猪口《みいくち》に陣を置いて周防《すおう》への道を断たれたらどうにもならぬ。ひとまず山口へ落ちて、大友を頼むしかあるまい」

まもなく、晴久の元近従の姿が城から消えた。それを知った元就は、「我れ勝てり」

と、叫んだ。「青山の上から城を見下ろされては打つ手がない。三猪口は平地だから戦い易い」

晴久は目論見どおり三猪口に出陣し、最後は負け戦となった。

## 情報戦で大軍を簡単に撃破！

周防・長門《ながと》の守護大内義隆《よしたか》は戦いに倦《う》み、京風の茶の湯・和歌・三弦などの趣味三昧《ざんまい》に明け暮れていた。義隆に代わって軍事を任されていた陶晴賢《すえはるかた》が反旗を翻《ひるがえ》し、天文二十年（一五五一）、義隆を自殺に追いやり、豊後《ぶんご》の大友宗麟《そうりん》の弟を大内家に迎えて実権を握った。

元就は義隆の仇討ちの大義名分を掲げて晴賢に戦いを仕掛けた。晴賢は、周防・長門・豊前・筑前《ちくぜん》の兵を率いて一気に攻め下ってくる。平地で迎えることは不可能だ。

「厳島《いつくしま》に城を築いて守る」

と、元就はいい出した。宿老たちは皆反対したが、元就はきかない。厳島の有浦に城を築いて本陣を対岸に置いた。その後で元就は大いに悔《く》やんで見せた。

「お前たちの忠言を入れず有浦に城を置いたのは、我れ一代の過ちであった。見渡せば海上には敵船五千数百隻、我が方は百隻、どうやって城を援護できようか」

これを聞いて諸将は答えた。

「もはや吉田へ引くよりありますまい」

この御前会議の様子は、忍びによって逐一《ちくいち》陶方に報告された。そんなことは、元就はとうに計算ずみだ。それでも晴賢は用心深く元就の動きを見極めようとした。ここでまた、元就は謀略戦をめぐらした。家臣たちの知己《ちき》を通して、晴賢への悪口雑言をわざと耳に入れ、晴賢の怒りを煽《あお》り立てたのだ。

晴賢は頭に血をのぼらせたまま厳島に乗り込んだ。水陸三万の軍勢で本営を厳島中心部の塔岡《とうのおか》に置き、毛利軍を迎える。対する毛利軍は三千余、伊予《いよ》河野水軍の能島《のじま》・来島《くるしま》の三百隻を借り受けた。

弘治《こうじ》元年（一五五五）九月晦日《みそか》の夜、折からの大暴風雨のなかを一つの船団が、密かに本土側二十日市の浜を滑り出た。兵士はそれぞれ合い印に二つ巻きの襷《たすき》を掛け、三日分の食料を背負っている。合い言葉は「かつ」「かつ」と二度。すべての船の篝《かがり》火《び》を消し、本船のみ一灯を掲げている。それを唯一の目印に、船団は大波をかき分けかき分け厳島の北東の浜に到着した。名前を聞くと「鼓浜《つづみがはま》」という。

「鼓とは幸先いいぞ」

人々は奮い立った。その場で、借り受けた水軍ばかりか自軍の船までも嵐のなかに返すと、背水《はいすい》の陣を敷いて塔岡の背後の山に向かった。

時を同じくして、三男の小早川隆景《こばやかわたかかげ》の率いる軍船が西側から風雨を衝いて、陶方の船団が屯《たむろ》する湾内を突っ切っていた。「筑前の者だ。お召しに応じて参上した」と大声で呼ばわると、誰も怪しむ者はない。雨風で敵も味方も見分けがつかないのだ。小早川軍は、何の抵抗もなく浜に上陸した。

これを見計らって、山上からは大きな鬨《とき》の声があがる。東の空が明るくなり出した。法螺《ほら》の響きとともに、毛利軍は大声を上げて山の上から駆け下る。

陶軍は何がなにやらわからぬうちに、戦闘のまっただ中に放り込まれた。驚いて、とにかく本陣めがけて集まろうと、諸軍がひしめき、かえって混乱を募らせる。押し合いもみ合い、はては同士討ちになって逃げまどう。晴賢は太りすぎて、歩行がままならぬという。付き添う者に助けられてようやく海岸に辿り着いたときには、一隻の船も残っていなかった。いかんともしがたく、その場で自刃した。

## 敵を内側から潰した〝偽の書簡〟

厳島合戦に先立って、元就はもう一つの情報戦を仕掛けている。

晴賢の重臣江良《えら》丹波守《たんばのかみ》が晴賢攻略の障害だと見極めた元就は、両者の離間を謀《はか》った。江良が晴賢の主君大内義隆謀殺を怒って、元就と志を合わせ晴賢を除こうとしていると、晴賢に吹き込んだのである。事実、江良は晴賢のその行為を、盛んに諫《いさ》めていた。頃合いを見計らって、元就は江良と内通の偽《いつわ》りの手紙を、周防山口の近くに落としておいた。晴賢は愚かにもそれを信じ、江良一族を根絶やしにした。こうして、自らの懐刀を失っていったのである。

元就はこの戦法を宿敵尼子《あまこ》氏の攻略にも用いた。すなわち、尼子の強力な身内である新宮《しんぐう》党の尼子国久《くにひさ》を除こうと、元就と国久が通じていることを裏書きするような偽《にせ》の書簡をもたせた罪人の死体を、山賊に襲われたようにして尼子領の山の中に捨てて置いた。当主の晴久が国久に疑いを抱きはじめると、それを煽《あお》るような情報を次から次へと吹きかける。ついに晴久は国久の裏切りを信じ、これを成敗した。その後、尼子氏は坂道を転げ落ちるように勢力を失い、滅亡の道を歩んだのである。

## 鉄の団結を生んだ〝三矢の教え〟

元亀《げんき》二年（一五七一）六月、病で死期の迫ったのを悟《さと》った元就は、嫡孫の輝元《てるもと》、二男の吉川元春《きっかわもとはる》、三男小早川隆景を枕元に呼んで、一本ずつ矢を握らせ、

「その矢を折ってみよ」

と、いった。矢はなんなく折れた。

「では三本ではどうじゃ」

という。三人はそれぞれに試みたが、いずれも折ることはできなかった。そこで元就は、「一本の矢は弱くとも、束にすればそのように強い。お前たちも三家心を合わせ、毛利の家を守っていけ」

と、遺言した。この挿話《そうわ》はあまりにも有名であり、なかには事実ではないとの説もある。しかし、元就が以前より、繰り返し兄弟・親族の和を説いていたのは確かであり、生前の長男隆元《たかもと》に、「三人の間が露塵《つゆちり》ほども悪くなり相手を軽んじるようになったなら、はや滅亡のときと思え。今のように三家心を一つにしているならば、他国に足を掬《すく》われるようなことにはなるまい」との書簡を送っている。

# 鍋島直茂《なべしまなおしげ》──無能な上司を立てながら、内外に実力を知らしめる法

天文七年（一五三八）出生。肥前《ひぜん》の土豪鍋島清房《きよふさ》の子。西千葉氏の養子、のち鍋島に戻る。幼名彦法師、長じて信生他。肥前の龍造寺《りゅうぞうじ》氏に仕え、柳河《やながわ》城主。主家の実権を握り、佐賀藩の祖となる。元和《げんな》四年（一六一八）没。

## ご神託さえ利用する！

永禄《えいろく》十二年（一五六九）、肥前《ひぜん》佐賀龍造寺氏の城中会議は緊迫の度を極めていた。九州の大国、豊後《ぶんご》の大友宗麟《おおともそうりん》が、大挙して佐賀城に迫ろうとしていたのだ。

「城を明け渡して再挙を計るか」

誰かが自嘲《じちょう》気味に呟《つぶや》いた。すると直茂《なおしげ》はきっと声の方を睨《にら》んで述べた。

「お立ち退きはかないますまい。いまや周辺すべて大友方ですぞ。ここは籠城よりありませぬ。城に籠もる者はすべて龍造寺家譜代《ふだい》の者、大友の寄せ集めの三万より、味方の三千のほうが遙《はる》かに力強いはず。城中に二心を抱く者さえなければ、容易に落ちるものではない。如何にもして十余日も堪えれば、毛利の援軍が到達いたすはず。万

が一、来ぬとなれば、城を枕に討ち死にするほかはありますまい」

「それも、もっともよの」と城主隆信がうなずいた。とはいえ、周囲の空気は重かった。それを見回してから、直茂は言葉をついだ。

「あとは、吉凶を神にお任せしましょう」

祈祷師の泰長院震龍が招かれた。「城を去らぬが吉」というご神託が出た。直茂が根回ししておいたのだが、隆信以下、大いに力を得、籠城して大敵を撃退し、運を開いた。

ところで、これより二十年ばかりのちの話になるが、肥後《ひご》の佐々成政《さっさなりまさ》の領地で大規模な一揆《いっき》が起こった。成政は前年の豊臣秀吉《とよとみひでよし》の九州平定で、肥後に転封されてきていたのだ。西国の諸大名は皆、成政支援に駆けつけた。ところが、もっとも近いはずの龍造寺家が動かない。龍造寺は隆信が死んで、その子政家《まさいえ》が跡を継いでいた。諸大名の疑惑の目が政家に集まった。そのころ、直茂は大坂にいたが、急を聞いて駆けつけた。

政家のいい分はこうであった。

「一つには、河上天神のお告げが肥後出陣無用とのことであった。二つには、与賀大明神の楠《くすのき》の枝が落ちた。三つには隆信公の化身《けしん》といわれる者が、政家が肥後へ出陣すれば必ず討たれる、決して出馬あるなといった。四つには、城中を夜な夜な女が四、五人泣きながら通る。これら凶兆《きょうちょう》のため病気と称して出陣を取りやめたのだ」

これを聞いた直茂は大いに怒った。

「河上大明神のご託宣《たくせん》とか、故隆信公などと口走る者は打ち殺せ。与賀の楠の枝は老木なので枯れたのであろう。女は狐に相違ない。畜生と人との見分けもつかぬか。狐は山野に住むものぞ。人の住む城に狐が鳴き通るは、人が住んでいると思わぬからであろう。すぐさまご出陣あれ、私も同道致《いた》す」

といって、政家を立て、二万余騎を率いて出陣した。これで龍造寺氏への諸大名からの嫌疑は晴れた。直茂は決して占いとか神託を信じていたわけではない。かの祈祷師震龍の件も、あらかじめ直茂が答えを命じておいたのである。神のお告げも使いようというわけだ。

## 無能な上役をもつ部下が取るべき行動

龍造寺隆信は決して暗愚《あんぐ》な主ではなかった。けれど、近隣諸国を切り取り、肥前《ひぜん》・筑後《ちくご》の大半を手に入れると、しだいに戦いに飽きてきた。天正八年（一五八〇）佐賀城を子政家《まさいえ》に任せて西南方の須古《すこ》城に移ったころから、ともすると奢《おご》りたかぶり、酒食に溺れて、果ては暴君と化した。一方、政務を任された政家は、父ほどの覇気《はき》もなく、家内の取り締まりもはなはだ頼りなかった。直茂はなんども隆信に諫言《かんげん》を重ねたが、聞く耳をもたない。

このような内情こそ、敵の待っていたところだ。天正十二年、肥前島原の有馬《ありま》氏が背いて島津の援軍を頼んだ。

「笑止《しょうし》なり晴信、一揉《ひと》みにしてくれん」

隆信はいきり立ち、みずから討伐に向かうという。直茂はこれを止めた。

「それはなりませぬ。いまや五ヵ国の太守《たいしゅ》ともなられた殿が、このような小さな争い事へのご出馬は少々軽きに過ぎましょう。島津が後《うし》ろ盾《だて》とはいえ、有馬と合わせてわずか一万ほどでございます。こちらの大軍に向かって、必死の抵抗を試みることは明らかです。それに対し我が方は、大軍とはいえ寄せ集めの軍勢ゆえ、指揮をとるのもなかなかであり、軍備も揃えかねます。されば、多くの戦死者をだすのは必定。いま、大友・島津の大敵を抱えて、ここで人数を失うということは、戦《いくさ》の駆け引きを知らぬといわれても仕方がありません。お許しがあれば、わたしが討ち平らげてまいります」

と何度も進言したが、隆信は取り合わず、五万の大軍を率いて出陣した。直茂も仕方なくそれに従った。

直茂の危惧したとおり、隆信は島津の伏兵の手にかかって、あえない最期を遂げた。敗軍となって柳河《やながわ》城に引き揚げた直茂は、休む間もなかった。佐賀城の留守をしていた隆信の弟信周《のぶかね》に呼び出され、隆信が戦死したことで国中が騒ぎ立てて収拾がつかないという。直茂が政務につくつもりはないと断わると、政務の方は我々重臣らで見るので、どのように取り鎮めるべきかご指南を仰ぎたいとの要請である。

「されば」と直茂はいう。「領国の諸城に触れを回し、隆信の弔《とむら》い合戦のため、政家君が薩摩《さつま》へ出陣するので、ご出馬を乞うと伝えればよい。なんとなれば、ただいまの騒ぎは、当家が滅びるのではないかとの不安から起こったもの。この触れが回れば、龍造寺健在なりと思い直し、落ち着くでござろう」

その他いろいろ打ち合わせをして柳河に戻った。

力無い上司を説得し、それが叶《かな》わなければ失敗の尻《しり》ぬぐいをする。それはそれで容易なことではないが、それによって当人の株が上がるのも確かである。このころから、龍造寺氏の実権は直茂に傾いていった。

## 角《かど》を立てずに実力をアピールする

直茂が龍造寺氏の真の実力者であると内外に知らせるチャンスは、ほどなくやってきた。

有馬の戦いが終わって間もなく、龍造寺政家の使者が肥後《ひご》八代《やつしろ》に陣を置く島津家久《いえひさ》のもとにやってきた。

「父隆信の首をそちらにお預けしてあるが、政家の弔《とむら》い合戦のためそちらへ伺おうとぞんずる。ついてはご挨拶のため、使者を遣わした。よろしくご承知ください」

という政家の書簡をたずさえていた。そのうえで使者は、自分一人の心づもりで、主君の首を拝みたいという。家久はこれを許し、隆信の首を運んでこさせた。使者は、主君が生きていたときのように深々と頭を地面につけて三拝し、さて、ひと通りの礼が終わると、突然、目を怒らせ歯ぎしりして叫んだ。

「いまさら口にしても甲斐《かい》無《な》きことながら、貴方はその浅はかさと狭量のために五州の民を苦しめた。飛騨守《ひだのかみ》（直茂）殿があれほど申し上げたことに耳を傾けられず、この有様。まさに五州の仇敵《きゅうてき》というべし。私にはお首を頂戴して国にもち帰ることはできかねます。もし霊魂にお懺悔《ざんげ》あれば、政家公、飛騨守が五州の兵らと薩摩《さつま》へ攻め入るのに助力して、政家公にご孝養を遂げさせてくだされ。この一言が申し上げたくまかり越した」

といい、そのまま帰ってしまった。

あとになって、島津のほうから隆信の首を船で筑後《ちくご》川の榎津まで送らせたが、

「お志は誠にかたじけないが、そのような不運な首、こちらに申し受けても詮方《せんかた》ござらぬ。何れへなりと捨ててくだされ」

との龍造寺方の冷たい返事。島津の使者は下船も許されず、仕方なく帰り道にある肥後菊池川の高瀬にある寺に首を納めた。榎津は佐賀城の目と鼻の先である。使者を上陸させて、国内の政情を探られるのを防ぐ意味もあった。

これらすべて直茂の計らいである。これによって一見、龍造寺氏の後継者として政家を天下に認知させたようにみえるが、その実、ますます直茂の力量を見せつける結果ともなった。このようにして、直茂の手により、龍造寺氏の所領は徐々に、しかし確実に鍋島氏に移っていったのである。

# 第二章

# 「非情」になりきれなかった武将の結末

# 北条氏康《ほうじょううじやす》——「石橋を叩いて渡る」慎重さが〝大化け〟できなかった理由

永正《えいしょう》十一年(一五一五)生まれ。後北条《ごほうじょう》氏三代目。相模《さがみ》国小田原城主。幼名国王丸。父祖の志を継ぎ関東を制覇、内政面でも数々の成果をあげ、北条氏の全盛期を築き上げる。剃髪《ていはつ》して万松軒。元亀《げんき》二年(一五七一)没。

## 名将に欠かせぬ資質

「押さば引け、引かば押せ」と下知《げち》した武将は誰だったか。氏康《うじやす》の戦法は徹底してこれであった。無理をしない……は祖父早雲の遺訓であったろう。

氏康は幼時、たいへん臆病《おくびょう》であったという。十二歳のころ、南蛮《なんばん》から渡りはじめの鉄砲を家臣たちが試し撃ちしていた。氏康はその轟音《ごうおん》が響きわたるたびに肩をすくめて震《ふる》えていた。それを見た家臣たちが、「三代目があれでは、お家の行く末が思いやられるな」と、密《ひそ》かに嘲笑した。

これを耳にした氏康は恥ずかしさにいたたまれず、小部屋に駆け込み、脇差しで自害しようとした。気付いた家臣に押さえられ、刀は取り上げられたが、氏康は悔《くや》しさに大粒の涙を流した。そのとき、傅役《もりやく》の一人がこう諭《さと》したという。

「昔から、勇敢な武士ほど物に驚くと聞き及んでおります。優れた馬はネズミの鳴き声にも気づくといって高く評価されます。物に驚くことは、決して恥ずべきことではありません」

## “押さば引け、引かば押せ”の駆け引き

傅役のいった通り、氏康は細心と機敏を併せもつ武将に育った。関東から上杉の勢力を駆逐するきっかけをつくった川越合戦は、最もよく氏康の本領を発揮している。

天文《てんぶん》十四年（一五四五）八月から九月にかけ、山内・扇谷の両上杉氏が八万の兵力をもって、先年、氏康の父氏綱が扇谷上杉朝定《おうぎがやつうえすぎともさだ》から奪った武州川越城を包囲した。城は北条綱成（氏康の妹婿）がわずか三千の手勢で守っていた。

氏康は早速救援に駆けつけたが、駿河にも派兵しているので八千しかない。氏康は川越城を囲む大軍を見て取ると、和議を申し入れた。もちろん勝ち誇っている上杉方が承知するわけもない。氏康はそれを聞くと、さっさと兵を引き揚げてしまった。

「氏康め、口ほどにもない。われらが大軍に怖《お》じ気づいたか」

包囲軍があざ笑うのが、間者《かんじゃ》の口から伝わってくる。氏康はほくそ笑《え》んだ。すべてが自分の計算どおりである。氏康は密かに使いを城のなかに送り込み、いかにしても救い出すので、いまひと踏ん張りせよと励まし、またまた入間川あたりまで出撃して引き返す。このようなことを何度か繰り返すと、敵はすっかり狎《な》れてしまって、「どうせまた逃げるのだ。捨てておけ」ということになってきた。

川越城の籠城《ろうじょう》は半年近くになった。城兵は氏康を信じてよく守った。天文十五年四月二十日の夜、突如、北条軍が上杉軍の本営に斬って入った。軍記の記すところによると、北条軍は皆、白い紙を肩衣《かたぎぬ》のようにして鎧《よろい》の上に付け、敵味方の区別をしたという。不意の敵襲に上杉方が慌《あわ》てふためくところに、城内からも討って出たので、上杉軍はほとんど戦いもせず敗走した。この合戦で、足利・上杉連合軍の死者は一万六千、北条方は百人に満たなかったという。

## 検地《けんち》と永楽銭《えいらくせん》の二大手法で、確固たる経営基盤を築く

氏康は上杉・今川・武田・里見氏など関東や周辺諸国を相手に、着々と地歩を固める一方、領国の経営に新しい手法を取り入れていった。

まず第一に手をつけたのが検地《けんち》だった。検地というのは田畑一筆（一区切り）ごとに土地を測量して、そこからあがる収益を決めることである。地区ごとの検地には、必ず北条氏が派遣した検地奉行が立ち会う。検地の終わった耕地は「検地帳」に載せられ、検地奉行が署名して北条氏と領主に渡される。

この時代、大小の領主・豪族たちは、それぞれ勝手に領分を主張し、年貢《ねんぐ》の徴収もまちまちだった。それらの領主たちを統合して中央集権国家に変えようというのが氏康の目論見《もくろみ》であった。

とはいえ、氏康は例によって事を急がなかった。天文十年、父氏綱が死去した翌年、武蔵《むさし》国久良岐《くらき》郡（横浜市一部）と相模《さがみ》の中郡（平塚市辺り）のわずか二ヵ所を検地した。この検地で、これまでの二倍の土地が明らかになった場所もあったという。

検地は、領主の支配力の弱いところから手を付けた。当主の代替わりとか、境界線の争いが起こったところなどからはじめ、最後にはほぼ領国全体に及んだ。測量された土地は、一反を大・中・小の三段階に分けて課税された。年貢を徴収するのは領主である。北条氏は領主から年貢に応じた所領役を上納《じょうのう》させた。これも「所領役帳」をつくって、領主の領地と収入は確実に北条氏に握られていた。

その他の臨時課税、たとえば普請《ふしん》の際の徴税などは、北条氏の証印がなければできなかった。永正《えいしょう》十五年（一五一八）、早雲死去の前年、虎印判と呼ばれる北条氏の印章をつくっている。猛虎の伏した形が付いている変わった印形である。これには「虎印判状」という文書がついており、北条氏の政策の基本が記されている。この虎印判状によると、年貢外の臨時税には虎印判が押されていなければならない。こうして分国の土地と経済事情をしっかりと把握したうえで、氏綱は家臣団の改組を行なった。

もう一つ、この改革で見落としてはならないものに「永楽銭《えいらくせん》」での年貢納入がある。「永楽通宝」の文字が入ったこの銭は、もともと明国から入って通用したものだったが、室町末期になるとそれに似た銭があちこちで鋳造され、物価の混乱を招いていた。この国内産の銭を鐚銭《びたせん》といい、永楽銭を精銭《せいせん》と呼んだ。氏康は領国内の年貢金の納入は永楽銭で統一し、鐚銭を認めなかった。その結果、信用度の高い永楽銭が小田原に集まり、鐚銭を駆逐《くちく》して商品の流通が発達し、城下の繁栄をもたらした。

## 無駄な戦いはしない堅実路線

戦いはまだ諸処でつづいた。川越城の奪還に失敗した関東管領《かんれい》上杉憲政《のりまさ》は、上野国《こうずけ》平井城（藤岡市）に拠《よ》ったが、氏康に追い立てられて越後の長尾景虎を頼った。

天文二十三年（一五五四）十月、駿河の今川義元《いまがわよしもと》・甲斐《かい》の武田信玄との三国同盟が成立、氏康はしばらく領国経営に専念できた。だが、永禄三年（一五六〇）になって、憲政《のりまさ》から上杉の名跡と関東管領職《かんれいしょく》を譲られることとなった長尾景虎《かげとら》が、大挙して上野へ出陣してきた。景虎は武蔵《むさし》・相模の北条氏の城を攻め落とすと、破竹の勢いで小田原に迫った。しかし、氏康はあえて出撃しようとはしなかった。

「景虎という若僧、なかなか元気がよいの。ああいう男は一度頭に血が上ると、前後も顧みず猛《たけ》り立つが、少し時が過ぎると醒《さ》めて思慮《しりよ》を巡らすようになる。このたびも上杉の頼みを受けて、さぞかし張り切って来たものであろう。しかし、大軍を率いて手を広げ、領国から遠い小田原にそうそう長居できるものではない。ここはひとつ、籠城覚悟で周辺を固め、景虎の出方を見極めてから動いても大事はない」

氏康のいうとおりであった。成果の上がらぬ小競《こぜ》り合いと、長征の疲労とで、越後の軍勢は戦《いく》さに倦《う》んできた。敵地での食糧の調達もままならない。景虎はやむを得ず小田原から兵を引いた。それでも、わざわざ鎌倉へ立ち寄って、鶴岡八幡宮の神前で上杉憲政から関東管領職と上杉の名跡の譲渡を受ける儀式を行なっているのは、真面目人間の景虎らしい。余談になるが、ここで景虎は政虎と改名している。

永禄《えいろく》十二年（一五六九）には武田信玄との戦いがあった。

先年、三国同盟があったにかかわらず、今川と武田が争い、北条が今川に味方したため武田はたいへん苦戦をした。信玄は氏康に遺恨《いこん》を抱いた。氏康の嫡子氏政《うじまさ》と武田信玄の娘との婚姻によって、北条家と武田家は特別の結びつきにあったが、その娘黄《おう》梅院《ばいいん》が亡くなり、同盟はあっけなく崩れた。娘が死んでまだ三ヵ月というのに、信玄はたちまち関東に侵攻、北条氏の諸城を陥れた。

このたびもまた、氏康は小田原城籠城に終始した。信玄は二日にわたり城を囲むと、三《み》増峠《ますとうげ》（厚木市）に引いた。そこへ武蔵から北条一門の息子らが駆けつけ、大乱戦となる。山岳戦に慣れた武田軍が圧倒的強さを見せ、北条方をさんざんに打ち破ると、あっけなく引き揚げた。領国を広げないというのが信玄のやり方である。北条の今川に助勢する力を削げばそれでよかった。

氏康と氏政は城を出て密《ひそ》かに武田軍を追尾していたが、味方の敗戦を見て速やかに小田原城に引き揚げた。「無駄な戦さはせぬものだ」氏康の口癖《くちぐせ》であった。

# 真田《さなだ》幸村《ゆきむら》——ここぞというとき、部下に百倍の勇気を与えた〝カリスマ性〟

永禄《えいろく》十年（一五六七）生まれ。信濃《しなの》上田城主昌幸《まさゆき》の二男。初め源五郎、左衛門佐。関ヶ原の役では兄信之と袂《たもと》を分かち、父とともに上田に徳川方を阻止、敗れて九度《くど》山に配流《はいる》。元和元年（一六一五）大坂夏の陣で敗死。

## 忍者のような変わり身

真田《さなだ》幸村《ゆきむら》といえば、かつての少年たちの憧《あこが》れの的であった。大正十二年（一九二三）に刊行された『立川文庫』で、忍者猿飛佐助《にんじやさるとびさすけ》らが活躍する『真田十勇士』の影響だが、実のところ、実像はあまりわかっていない。よく知られるのは関ヶ原の戦い以後である。

関ヶ原の戦いが終わって十五年近くなると、世の中がまたぞろ騒がしくなった。大坂城の豊臣方がしきりに全国の浪人どもを集めているという噂《うわさ》が広まっていた。

紀州《きしゆう》和歌山藩主浅野長晟《ながあきら》は真田の動きを警戒した。高野山に押し込められた昌幸《まさゆき》（安房守）はすでに故人となっていたが、息子の幸村は麓の九度山《くどさん》村で静かに隠棲《いんせい》するように見えていた。しかし長晟は、これは油断がならないと踏んだ。幸村の戦《いく》さの手腕は、上田城の攻防で実証済みである。幸村が大坂へ上ろうとしているとのことも聞こえてくる。長晟は九度山近くの村々に触れを出して、幸村の動きを監視するよう命じた。同時に、高野山の門主《もんしゅ》からも厳重申しつけがあった。

ある日、九度山村をはじめ、橋本など近隣の村々に幸村から招待状がきた。亡父昌幸の七日間の法要《ほうよう》を営みたいというのであった。近辺村々の庄屋・年寄・百姓など数百人が幸村の屋敷に集まり、法会ののちの大盤《おおばん》振る舞いで連日飲めや歌えの大騒ぎ。最後の日ともなると、全員、飲み疲れ、騒ぎ疲れて寝込んでしまった。

明くる日になって、酔いから醒《さ》めて起き出した人たちは驚いた。真田の家人が一人もいないのである。そればかりか、家のなかはきれいに整理され、道具一つ残っていない。なかには、乗ってきた馬まで持ち去られた者もあった。人々は狐《きつね》につままれた心地であった。聞けば、明け方早く荷を付けた馬と、女、子どもを乗せた乗り物を囲んで、百人余りの武士が銃隊を前後に付け、紀ノ川を押し渡っていったという。もちろん行く先は大坂城である。

「しまった。謀《はか》られた」と浅野勢があとを追ったが後の祭りである。村に残っていた小百姓たちは、ただなんとなく見送っていたらしい。どうかしようとした者があったところで、槍や刀の鞘《さや》を払って進みゆく武士団を止めようがあるまい。このように人の意表を突く変幻自在さが、忍者集団のイメージをつくり上げたのかもしれない。

## 日本半国分の知行より、義の重さを選ぶ！

大坂の陣で、幸村は再三の献策が入れられず、死を覚悟していた。幸村の守備場所は天王口の出丸《でまる》（出城）であった。出丸といっても仮小屋《かりごや》で、黒木造りのなかなか渋《しぶ》みのある造りだったという。この出丸は、後世「真田丸」と呼ばれた。

攻め手は前田利常《としつね》である。激しい攻撃に兵卒たちは何度も打って出ようとはやり立ったが、幸村は許さなかった。門をしっかりと閉じ、柱に寄りかかって目をつぶり、まるで眠っているような様子であった。

いまや前田勢が城にかからんとするとき、幸村は立ち上がり、大声を発して、

「行け、皆殺しにせよ。武名を挙ぐるはいまぞ」

と、士卒を叱咤《しった》激励した。この攻撃で前田勢の死傷者は千余に及んだといい、その後も徳川方の攻撃を一手に引き受け、大坂城を守り抜いたといわれる。

戦い終わって、東西の和議はいったん成立した。

ある日、家康の内意を伝えに叔父真田信尹《のぶただ》がやってきた。徳川に味方すれば、信濃《しなの》国で三万石を与えるというものだった。

「さようにお心遣いいただき、有り難くぞんじます」幸村は答えた。「さりながら、去る慶長五年（一六〇〇）の関ヶ原の戦いに敗れ、高野山に落魄《らくはく》の身を送っておりましたところを、秀頼《ひでより》公に招かれ、領地こそ賜らなかったが、身に過ぎた人数を預かり、持ち口も頂いて、大将の名も許されております。これは知行《ちぎょう》を頂くより名誉なことです。ですので、約束を違《たが》えてお味方になることはできません」

信尹の報告を聞いた家康は、それでも諦《あきら》められず、

「あたら惜しい命を救わんと思うためだ。されば、信濃一国を与えよう」

と、再び信尹を遣いにやった。しかし幸村は、

「一旦約束したことの重さは、信濃一国といわず日本国の半分にも比べられません。この戦さで勝てるものとは思っておらず、討ち死の覚悟でおります。もし万が一和睦ともなれば、私は、叔父上の扶持を頂きましょう。戦さのつづくうちは心を翻《ひるがえ》すことはありません。もはや、お出でくださるな」

と告げた。

これを聞いた家康は、

「さても憐《あわ》れなる心根《しんこん》よな。これぞ日本一の勇士なり。父安房守にも劣るまい」

と、慨嘆したという。

## 将兵の士気を格段に高めた心理戦術

元和元年（一六一五）五月、大坂夏の陣の火ぶたが切って落とされた。

奈良から国分越え（信貴山《しぎさん》南）した伊達政宗《だてまさむね》率いる二、三万の大軍が大坂城を目指していた。つづいて、松平忠輝《ただてる》の二万の軍勢が竜田《たつた》越え（信貴山北）で迫りつつあった。それらの伝令がひっきりなしに入ってくる。

「すわ出陣」と、士卒どもは色めき立った。しかし幸村は障子に寄りかかり、片膝立てたまま狸寝《たぬきね》入りをしているばかりであった。ようやく目を開いたかと思えば、

「寄せたくば寄させせよ。一つにまとめて討ち取れば、さぞやさっぱりするだろう」

といい、その後は一言も口を開かなかった。そのため、やがて士卒たちの逸《はや》る気持ちは収まった。しかし、夕餉《ゆうげ》も終わったころ、幸村はやおら立ち上がり、

「敵も近づいたであろう。いざ、押し出せ」

と下知《げち》した。一万五千余の将兵が乱れることなく、前後も混じらず整然と進むさまは、敵が何百万あろうとも一気に攻め破らんとの気概に溢れて見えた。

その夜は道明寺《どうみょう》に陣営を敷き、明くる六日早朝に野村あたりに繰り出して先手の軍と交代した。敵陣も、政宗《まさむね》の軍が前面に出てきた。幸村が地形を眺めると、前後は丘で真ん中は平らだった。道の両側では農夫が田植えをしていた。幸村は初め、士卒たちに兜《かぶと》を着け、槍を立てることを禁じていた。そのままでじりじりと進み、丘に押し上げたところを、丘の上から八百あまりの伊達方の騎馬鉄砲が一斉《いっせい》に火を噴いた。この鉄砲隊は、騎馬を自由に乗り回し、先手の前面に乗り出して正確無比の鉄砲を撃つ。そのため味方の倒れる者数知れなかった。

幸村は鉄砲の煙のなか、先頭に駆けつけて、

「ここを堪えよ。大事の場ぞ。片足でも引けば全滅するぞ」

と大音声《だいおんじょう》に叫ぶ。士卒たちは兜と槍を握り、木の陰に身を隠し、砲声の合間を縫って、身を低め前進する。敵との間があと二〇〇メートルというあたりで、「兜を着けよ」との伝令が走る。いわれるままに兜を被り、緒《お》を締めると、なぜか改めて百倍の勇気を得たように感じた。ついで四〇メートルほどの距離まで迫ったところで槍を取

らせた。気勢ますますあがる。

伊達方はとみれば、騎馬は走り疲れたか鉄砲の音も絶え絶えになり煙も薄れてきた。見通しがきいてきたなかで、伊達の騎馬兵は真田の軍がほんの目と鼻の先に折り敷きで構えているのに愕然《がくぜん》とした。ここぞとばかり幸村は立ち上がり、「かかれ、かかれ」と破れ鐘のような声を張り上げて采配《さいはい》を振るう。まるで山が噴火するような、河原の堤が崩壊するような勢いであった。この声に押されて、真田の軍はいやがうえにも勢いづく。伊達軍は、「本日ははや疲れた。合戦は今日ばかりではあるまい」と、弱音を吐き、兵を引いた。

幸村のこの日の作戦は、士卒らの心理をよく見抜いての成果といえよう。

## 軍団の強さの陰に、細やかな配慮あり

七日、家康は天王寺に兵を進めていた。大野治長《はるなが》は茶臼山《ちゃうすやま》に陣を構える幸村を訪ね軍略を乞うた。幸村は、

「かくなるうえは、秀頼公に一刻も早く出馬を勧《すす》められるがよろしかろうと存じます。ご出馬とあらば、全軍の士気も上がりましょう。さらに一軍を間道《かんどう》から寄せ手の後ろ

に回し、家康の本陣を不意に衝けば、勝利疑いなしです」

という。治長は幸村の作戦を受け入れ、一軍を寄せ手の後ろに忍び寄らせ、それが到着した頃合いを見計らって挟《はさ》み撃《う》ちするよう、天王寺の軍とも示し合わせた。治長が城へ戻ると、

「金の瓢箪《ひようたん》の馬印が出た。すわ秀頼の出馬。真田幸村が先手を切って襲ってくる」

という風評が東軍の間を駆けめぐった。それを耳にしただけで東軍は浮き足立ち、戦うこともなく総崩れとなった。この一戦で家康が切腹を覚悟し、大久保彦左衛門《ひこざえもん》に止められたという一件は、彦左衛門の生涯の自慢話になっている。

この戦いぶりもまた、幸村の心理作戦の勝利といえる。

かつて幸村は、家で家臣たちと戦《いくさ》の評定をしているとき、議論が対立して決まらないと、両論を書き上げ、

「これは大事なことなので、総大将にお伺いをたてよう」

といい、幸村の祖父で真田家の始祖幸隆《ゆきたか》の像に灯明《とうみよう》を上げ、謹んで礼拝して書を捧げた。そのうえで籤《くじ》でもって勝敗を決めたという。それは依怙《えこ》贔屓《ひいき》にならぬことと、たとえその結果が悪く出ようとも、個人の落ち度にならぬようにとの配慮であった。

## 武田信玄《たけだしんげん》――〝息の根は止めない〟美学が、天下を遠のかせる

大永《たいえい》元年（一五二一）甲斐《かい》国主武田信虎《のぶとら》の長子として生まれる。幼名勝千代、のち晴信。父を追放して家督を継ぎ、近隣諸国を侵略する。上杉謙信《うえすぎけんしん》との川中島の戦いは有名。入道して信玄。天正元年（一五七三）没。

### 苦境を支えた家臣は宝

幼いころの信玄は才気煥発《さいきかんぱつ》であった。八歳から書を読み、とくに中国古代の軍学書『孫子』『呉子』など七書をマスターしたという。

十三歳のころの逸話がある。

ある日、母の姉今川義元《いまがわよしもと》夫人から大量の蛤《はまぐり》が送られてきた。母は信玄に大きい貝と小さい貝に分けさせた。小さい貝は畳二畳ばかりにいっぱいになり、高さ三〇センチにもなった。信玄が小姓たちに数を数えさせると三千七百個あった。信玄は小姓たちに口止めをしておいて、通る家臣たちに、

「あの蛤は何個ぐらいになると思うか」

と問いかけた。多くは、二万個、あるいは一万五千個などと答える。聞いた信玄は、

「人数は大きく見せることができるものだな。実際は五千もあればじゅうぶんだ」

と呟《つぶや》いて周囲を驚かせた。

しかし、父信虎《のぶとら》はなぜか信玄を疎《うと》んじ、弟の信繁《のぶしげ》を寵愛《ちょうあい》して家督を信繁に譲ろうとした。信玄はこれに反発して生活が荒れ、もしくは愚鈍の風を装った。家臣達もこの跡継ぎに見切りをつけ、侮《あなど》りさえするようになった。とはいえ、荻原昌勝《おぎわらまさかつ》・甘利虎泰《あまりとらやす》・板垣信方ら信玄の器を見通していた家臣もおり、彼らは密かに信玄を補佐した。

のちの話になるが、板垣信方が諸将の反対を押し切り信濃《しなの》国林（松本市）の小笠原長時、木曾《きそ》の木曾義高に無謀な攻撃を仕掛けて惨敗《ざんぱい》したことがある。人々は信方がどのような罰を受けるかと案じたが、

「敵の謀《はかりごと》に落ちたのは不甲斐《ふがい》ないが、さしたる大敗ということでもなく収まったのは、さすが老練の士である」

と、信玄は信方の失敗を不問に付した。苦境のときに支えてくれた家臣をとことん大切にしたのであった。

## 将たる者、城の普請より戦いの普請！

天文《てんぶん》五年（一五三六）十二月、武田信虎は八千の兵を率いて信濃海《うん》ノ口《くち》城を攻めた。守る城兵三千人、城は堅固でなかなか抜けない。そのうち大雪になる。

「暮れも押し詰まったことであり、敵も後追いすることもないでしょう。ひとまず兵を引き、来春の攻撃といたすがよろしいかと存じます」

と、家臣どもの勧《すす》めもあり、信虎は引き揚げを命じた。すると信玄が、「私に殿軍《しんがり》をお任せください」と申し出た。信虎はせせら笑い、

「追ってもこぬ敵に殿軍などいらぬ。二郎（信繁《のぶしげ》）ならそのようなことは望むまい」

といい、信玄が重ねて願うと、「勝手にせよ」と、甲斐へ帰ってしまった。

さて信玄は残された三百騎とともに、本隊のあとを追うような素振りをして、突然とって返し、海ノ口城に攻め入った。城には五、六十人が残るばかりで、しかも風雪のなか、なにがなにやらわからぬうちに城主の平賀成頼《ひらがしげより》が討ち取られた。信玄の持参した敵将の首に、武田の家臣たちは大いに湧いたが、信虎は、

「せっかく奪った城を捨ててくるなど、臆病者《おくびょうもの》のすることだ」

といって褒《ほ》めなかった。

この段階で家臣たちの信望は信玄に集まった。信虎は粗暴の振舞いが多く、家臣達の気持ちはとっくに離れていたのだ。信虎は信玄を相続から外そうと謀《はか》ったが信玄に先手を打たれ、今川義元《よしもと》のいる駿府《すんぷ》で隠居に追い込まれた。

天文十年、信玄二十一歳、躑躅《つつじ》ヶ崎館《さきやかた》（甲府市）に入り、武田家十九代の当主となった。信玄は城を築かなかった。館の周りは狭く浅い堀をめぐらし、それも一重だった。忠告する家臣たちに信玄はいった。

「国持ちが城に籠もったまま運を切り開いたなど聞いたことがない。城を堅固につくるのは援軍の当てにできる主人持ちがすることだ。総大将は城にいっぱい籠もるほどの人数をもっていたなら、よろしく国境に出て合戦すべし。人数が多いのに出合戦《でがっせん》もできないようでは、城に籠もってもたちまち逃げ出すだろう。

大将たる者は部下を信じ、軍の方法を定め、戦いのことを朝夕考えるという普請《ふしん》をしなければならぬ。城を普請するより余程大変なことだ」

## 〝五分の勝利〟がさらなる強国を生む

その後の信玄は、戦の連続であった。まず中信濃《なかしなの》の諏訪《すわ》を手に入れ、その後、北信濃の弱小諸国を少しずつ切り取った。

天文《てんぶん》十七年、北信濃の雄《ゆう》村上義清《よしきよ》との激突があった。戦いはこれまでのように簡単にはいかなかった。上田原の合戦で板垣信方《のぶかた》・甘利《あまり》虎泰《とらやす》など股肱《ここう》の臣を失い、信玄自身も疵《きず》を受け手痛い敗北を負った。

このとき武田方の戦死者七百人、村上方は三百数十人という。もっとも村上義清も落馬して、あわや首を掻かれようとしたところを旗本たちに助けられ、ほうほうの体《てい》で引き揚げたというから、どちらが勝ったともいいかねる。しかし、初めての敗戦に信玄はよほど悔しかったか、なかなか陣を引き揚げようとせず、周囲をはらはらさせた。

信玄敗れたりと聞くと、これまで息を潜《ひそ》めて成り行きを窺《うかが》っていた信濃の守護職《しゅごしき》小笠原長時《ながとき》が動き出した。諏訪の豪族達をそそのかして反旗《はんき》を翻《ひるがえ》させたのだ。信玄はわざと参戦を遅らせ、敵の不意を衝《つ》いて一気に攻め込み、小笠原の本拠である林城（松本市）を攻略した。現在の松本城はその後信玄が築いた深志《ふかし》城である。信玄は余勢を駆って村上義清の葛尾城《かつらお》（埴科郡坂城町）も落とす。義清らは越後《えちご》に逃れて上杉謙信に助けを求めた。

かくして武田信玄と上杉謙信の「川中島の合戦」の幕が切って落とされる。川中島とは千曲《ちくま》川と犀《さい》川の合流点付近一帯を指す。

合戦は天文《てんぶん》二十二年（一五五三）から永禄《えいろく》七年（一五六四）まで十一年間、五回にわたって繰り返された。どちらも自軍が「勝った」と主張して譲らない。最後には相撲で決着をつけ、越後側が勝ち名乗りを挙げたという伝説がある。

信玄は日頃、

「戦さは五分の勝利が上、七分が中、十分は下である。なぜなら五分は励みを産む。七分は怠慢を産み、十分は奢《おご》りを産む」

といって、徹底的に敵を殲滅《せんめつ》するという方法はとらなかった。六、七分の勝利で収めたという。また、

「小さな備えをよくしておけば大きな備えも組み立てやすい。それぞれの備えは、地形をよく見て設けるがよい。物事、小さいことをだんだんに積み上げれば末は大きくなる。大きい物を小さくはし難いものだ」

ともいっている。

永禄四年、上杉謙信《うえすぎけんしん》が相模《さがみ》の小田原城を囲み、北条氏康《うじやす》が信玄に援軍を頼んできた。

が、信玄は動かなかった。

「信玄め、怖気《おじけ》づいたか」

と謙信は嘲笑《ちょうしょう》した。しかしその間に信玄は、謙信の膝元である上野に侵攻、箕輪《みのわ》城（高崎市）など出城を占拠してしまった。

「小田原は越後から遠い。謙信が大挙出兵して勝ちを得たとしても、必ずや破局を招くに違いない」

と、信玄は側近に語ったという。信玄は謙信より先を読んでいたのである。

さらに永禄十二年、同盟を破って今川を援《たす》けた北条を小田原城に囲んだが、城下に火を放っただけでさっさと引き揚げた。これも先に述べた五分の利の信念からきた戦いの仕様であったろう。

## 死に臨んでも上洛《じょうらく》の夢潰えず

さて、信玄にとって残された時間は少なくなった。戦国の武将、誰しも天下を狙《ねら》わぬ者はいない。目指すは足利《あしかが》幕府のある京都である。

元亀《げんき》元年（一五七〇）、信玄はすでに五十二歳になっていた。近年、病気がちでもあった。十月十三日、武田軍は甲府を発《た》つと遠江《とおとうみ》に入った。しかし、なぜか浜松城を素通りして北西方に向かう。侮辱《ぶじょく》されたと怒った若い徳川家康は三方《みかた》ヶ原《はら》に武田軍を追ったが、たちまち敗れた。天正元年（一五七三）正月、信玄は三河《みかわ》の野田城を攻略、長篠《ながしの》城に入った。しかしここで武田軍は急に戦線を収め、天竜川《てんりゅう》沿いに引き揚げた。

信玄が危篤《きとく》に陥ったのである。

信玄は信州下伊那《しもいな》郡駒場《ぐんこまんば》というところで死んだ。昏睡《こんすい》状態のなかで信玄は、

「明日は瀬田に旗を立てよ」

と呟《つぶや》いた。瀬田は淀川が琵琶湖から発する出口、京都への入口である。

信玄の死は遺言により長い間、伏せられた。

「わしの死は三年の間は人には知られまい。謙信も死ぬ。次の三年はわしの威光がまだ残っておろう。次の三年は和談などで過ぎるだろう。その後は信長の天下になる」

とも予言したという。

# 上杉謙信《うえすぎけんしん》

## ライバルを〝蹴落とさない〟やさしさが、「身の丈」を縮めた

享禄《きょうろく》三年（一五三〇）越後《えちご》守護代《しゅごだい》長尾為景の子として生まれる。関東管領《かんれい》上杉憲政《のりまさ》から管領職を譲られ上杉姓に。初め虎千代、景虎、政虎、出家して謙信を名乗る。越後春日山《かすがやま》城主。天正六年（一五七八）三月没。

### 辛苦《しんく》を糧《かて》に立志する

長尾《ながお》景虎《かげとら》、のちの上杉謙信は、子どもの頃、父に疎《うと》まれて寺にやられる。変わった遊びばかりして乱暴者だったようだ。しかし、近隣の悪童どもと戦争ごっこに明け暮れていっこうに僧になる勉強をしない。

「これは見込みがない」

と、寺を追い出された。

父親と巧《うま》くいかなかったのは、生涯の好敵手武田信玄に似ている。

しかし、景虎は十五歳のとき、その父を失い一族に城を追われるという、さらに過酷な運命を背負わされた。そもそも越後長尾氏には五族あり、それらがコップのなか

の嵐よろしく、互いに覇権を争っていた。

からくも城を脱した景虎は、いったん乳母《うば》の夫本庄美作守《ほんじょうみまさかのかみ》の栃尾《とちお》城に隠れ、そのあと本荘ら十四人の従者とともに身を僧形《そうぎょう》にやつし、国を出た。国境の米山に登ってはるか府中《ふちゅう》（上越市）を望みながら、

「何時か兵を起こし、国を奪い返して、必ずここに陣を敷いてみせる」と誓ったという。

それから一年の間、北陸や東山道の諸国を巡り、地形や城のあり方など研究し、すべて絵図にしてもち帰った。

## 本質を見抜く〝確かな目〟

明くる年の天文十六年（一五四七）、六日市の同族長尾政景が七千の兵を率いて栃尾城を囲んだ。櫓《やぐら》の上から敵の動きを見て、

「敵は今夜引き揚げるな。退路を断とう」

と、景虎がいう。

「なんの。はるばる遠征してきた敵が、このまま引き下がりましょうや。直ちに討っ

て出るべきです」

側近の宇佐見定行《うさみさだゆき》が異議を唱えた。

「いや、見渡すところ、寄せ手は軍兵ばかりで小荷駄《こにだ》がない。長陣のつもりはない」

景虎の言葉に宇佐見も「なるほど」と納得《なっとく》した。

その夜、城から敵の退き口に向かって打って出た。案の定、不意を衝かれた攻撃軍はあわてふためき、算《さん》を乱して逃げまどう。すかさずそれを柿崎あたりまで追いつめた。

敵は領国へ逃げるため米山を駆け上る。すると突然、景虎が、

「眠い。そのあたりでひと息入れよう」

といい、近くに小屋を見つけて、ごろりと横になった。

「何を仰《おお》せられます。味方が勢いに乗ったいまこそ、敵を殲滅《せんめつ》するときにございます」

家臣たちは口々にいい立てたが、景虎ははや高鼾《たかいびき》、聞く耳をもたない。

「ああ、お館様《やかたさま》のご運も、もはやこれまでか」

人々はため息をついた。が、ややあって、景虎はいきなりむっくりと起きあがり、

「行くぞ。者ども進め！」

と、号令した。

景虎軍があとを追うと、敵はちょうど峠を越え、山を下るところであった。それを上から追い落とす。敵は振り返って陣を構える暇《いとま》もない。まさに逆落《さかお》としである。景虎軍の大勝利であった。

「若年でこのご機転、我らの及ぶところではない。まるで軍神の化身《けしん》のようだ」

と、宇佐見は涙を流して喜んだ。

のちにこれを聞いた越後守護上杉定実《さだざね》は、

「まさに蛟竜《こうりゅう》（ときを待つ英雄）だな。ひとたび風雲起これば地を飛び立つだろう」

と、左右の者にいったという。この景虎がやがて上杉謙信と名乗る。

## 神仏を拝し、神仏を恃《たの》まず

謙信は毘沙門天《びしゃもんてん》を信仰していた。家の旗印も「毘」の字を用いた。川中島の戦いの絵像などによく出てくる、白地に大きく「毘」と染め抜いたあの旗印である。

起請文《きしょうもん》など起こすときには、必ず毘沙門堂の前に謙信が座り、老臣から一門郎党まですべて居並ぶところで誓約《せいやく》が行なわれる。

あるとき、緊急の出来事があり、毘沙門堂に集まる時間がなかった。

「さらば、我が前で神文《しんもん》を書かせよ」

と、謙信がいう。

「それでは仕来《しきた》りに背《そむ》きまする」

と家臣が答えると、謙信は笑って、

「わしあっての毘沙門天ぞ。わしなくば毘沙門も用いられまい。わしが百度毘沙門を詣《もうで》れば、毘沙門も五十度か三十度はわしを拝まれよう。わしを毘沙門と思って神文を書かせればよい」

といい、即座に目の前で神文を書かせたという。

この臨機応変さが、謙信の身上であった。

また、このようなこともあった。

あるとき、信州戸隠《とがくし》山の社《やしろ》に詣でた。そこには、武田信玄が謙信を呪《じゅ》する自筆文が奉納されていた。謙信は高々と笑って、

「弓矢を取る身にあるまじきものよ。末代までの宝物とせよ」

と、神官にいった。

## ライバルの実力を〝等身大〟で捉えられる眼識

とはいえ、謙信が信玄を侮っていたかといえばそんなことはない。

謙信と信玄といえば、真っ先に川中島の戦いを思い、越後《えちご》と信濃《しなの》での争いと決め込みがちだが、実は、関東での戦いも多い。相模《さがみ》の北条と三つ巴《どもえ》の争いを厩橋《うまやばし》（前橋市）・栃木・松山など各地に繰り広げている。そのなかでお互いの実力を認め合い、尊敬すらしていた感がある。

天正《てんしょう》四年（一五七六）、（そのとき信玄はすでに死んでいたのだが）謙信は蕪木《かぶらぎ》左衛門太夫の拠《よ》る加賀の松任《まっとう》城を攻め落とした。織田信長が援軍に駆けつけたが、落城と聞いてさっさと逃げ去ってしまった。

勢いに乗った上杉の重臣たちは、ついでに年来の目の上のたんこぶである越中《えっちゅう》の神保《じんぼ》安房守《あわのかみ》も蹴《け》散らしてしまえと提言した。しかし、謙信はうんとはいわなかった。

「それは浅はかというものだ。武田信玄は、常に六分の勝ちで勝利とし、七、八分にはもっていかなかったと聞く。いま、五万の織田軍を目の前にしながら、松任の要害を一日で我が手にし、名のある筑前守兄弟を討ち取った。さらに織田方を引きつけたうえで追い崩した。もはや十一分の大勝利だ。このうえ神保を攻めて越中を収めるとなれば十八分以上の勝ちというべきだろう。

天道は満ちれば次は欠くを待つばかりという。まずはこのたびは帰陣をしてしかるべきだろう。信玄ならば、松任を落としたあと神保に攻めかかるなど、決してしなかったはずだ。このあたりが、わしの信玄に及ばぬところだ」

この言葉を聞いて、家臣どもは、

「なるほど」

とうなずき、改めておのが主君の思慮深さに感心した。

## 「人の落ち目を狙って攻め取ることはできぬ」

これより前、駿河の今川氏真《うじざね》が北条氏康《うじやす》と謀《はか》って、信玄の領国甲斐《かい》・信濃《しなの》・上野《こうずけ》へ塩を入れないようにした。このため領民は大変難儀をした。これを耳にした謙信は信玄に書面を送り、

「先頃、近国の諸氏が貴国への塩の送入を禁じたとのこと。まことに卑怯千万《ひきょうせんばん》というべく。弓矢にては勝ち目がないとのひが目からでございましょうや。この謙信は、幾

度なりとも運を天に任せて、戦いで貴公との勝負を決するつもり。塩については、いかようにしてでも我が領国より送らせる所存《しょぞん》でおります。貴国の手形で、入用なだけお申しつけください。なお、高値の場合はさらにお申し越しください。厳罰に処するでありましょう」

といってやった。

これを見た信玄をはじめ武田の諸将は、

「これぞ、武道の鏡」

「味方に欲しい名将よ」

と、讃《たた》えた。

塩は川中島を通って信濃へ、上野には三国街道を通って送られたという。

なお、武田が長篠《ながしの》の戦いで敗れたのち、いまこそ信州・甲斐攻略のチャンスと、謙信に勧《すす》める者があったが、

「人の落ち目を狙《ねら》って攻め取ることはできぬ」

と、最後まで動かなかった。

# 浅井長政《あさいながまさ》

## ――「父をとるか、妻をとるか」で〝鬼になりきれない弱さ〟を露呈

天文《てんぶん》十四年（一五四五）、北近江小谷《きたおうみこだに》城主久政《ひさまさ》の子として生まれる。幼名猿夜叉、のち新九郎。信長の妹お市《いち》を娶《めと》って同盟したが、朝倉氏の処遇をめぐって対立、天正《てんしょう》元年（一五七三）姉川《あねがわ》の戦いに敗れて滅亡。

### クーデターを推進した姿勢

浅井氏は長政の祖父亮政《すけまさ》の代に、主君である六角《ろっかく》氏を敗って北近江の戦国大名にのし上がった。二代目久政は凡庸《ぼんよう》であった。いや凡庸というよりは、軍事を嫌《きら》って鷹狩《たかが》りなどに明け暮れるという、総大将としての資質を全く欠いていた。せっかく対等の地位を勝ち取った六角氏からも侮《あなど》られ、下に見られることにも甘んじる始末。家臣たちの不満は募《つの》るばかりだった。

家臣たちが心密《ひそ》かに期待をかけていたのが長政であった。

長政は幼い頃から利発《りはつ》で、人の話によく耳を傾けた。とくに老臣たちをみずから訪ねていって、祖父亮政の話を聞くのが好きだったという。十歳を過ぎると、父の軍事

に口を挟《はさ》むことがあり、それがけっこう的を射ていた。とうぜん長政は我が子を疎《うと》んじ、寺に遠ざけたこともある。

久政と長政の間に決定的な亀裂《きれつ》をもたらした事柄が発生した。

長政の元服に先だって、久政は六角義賢《よしかた》の名をもらって長政に賢政と名乗らせた。そのうえ義賢の意向を迎えて、義賢の家臣の娘を娶《めと》らせ、あまつさえ、長政に嫁の実家に挨拶に行くよう命じたのである。

何事も父を立てようという長政だったが、これには承服《しようふく》しかねた。

「父上は、私に六角の臣下にまで服従の礼をとれといわれるのか。そこまでへりくだることはなかろうに」

長政は嫁を送り返し、賢政の名を返上した。

長政のこの断固たる態度が、久政に絶望していた家臣たちに勇気と信頼を与えた。

## 「衆寡《しゆうか》敵せず」を翻すゲリラ戦法

六角氏と浅井氏の間が険悪になった。永禄三年（一五六〇）、六角義賢《よしかた》は二万五千の兵を率いて攻め寄せ、長政はわずか一万一千でこれを打ち破った。長政は勢いをかって六角方の肥田・佐和山《さわ》（彦根市）二城をはじめ、愛知《えち》川周辺の小城を奪った。数での劣勢は意に介さなかった。作戦こそ勝利への道と、長政は考えていた。

永禄七年、長政は美濃《みの》の斎藤龍興《たつおき》と事を構えた。近江《おうみ》から中山道を井口（岐阜市）に向かった長政は、国境の関ヶ原の野上宿で、一万の斎藤勢を迎えた。率いる味方は五百、圧倒的な劣勢である。しかし、それは最初からの作戦であった。

長政は野上宿に火を掛け、敵を脅《おびや》かしておいて、近くの小川の対岸まで退き、柵を巡らして敵を待った。

一方、百の兵力を割いて裏道を行かせ、夜を待って敵の背後を襲った。斎藤勢は思わぬところからの敵の攻撃に浮き足立った。そこへ激しい鬨《とき》の声が上がった。

「なんだ、敵に内通する者があったか」

暗闇のなか、斎藤方は慌《あわ》てふためいて兵を引いた。

浅井軍はさらにそれを追尾して大垣周辺を焼き、垂井《たるい》の宿まで退いた。その後、三十人ばかりの兵を残して、本隊は退いた。浅井軍の引き揚げるのを見て、斎藤軍は何の防備もなく垂井までやってきて休息を取りはじめた。そこへ、民家に潜んでいた浅井の三十人が躍り出て、あたりに火をかけた。先のことがあるので、斎藤軍はまたもや浅井軍の襲撃とみて、我れ先にと逃げ出した。

垂井はいまの東海道本線の通っている谷間の地で、両側の山地のどこから敵が現われるかもわからない。それだけに下にいる方は恐怖に駆られる。逃げる敵を見て、長政は深追いをしなかった。美濃の奥深く攻め込むには危険があった。斎藤方とは早々《はやばや》と和睦が成った。

しかし、北近江に浅井長政ありの名を挙げるには、これで十分だった。それよりも何よりも、この戦いで、長政がおのれに自信をもったことと、「我らの若きお館《やかた》さま」への家臣の絶対の信頼を集めたことは、何にも増して大きな戦力となった。

ときもとき、長政の留守を狙《ねら》って、六角氏が佐和山《さわやま》城奪還を試みた。小谷の城にいて急を知らされた父久政《ひさまさ》は、盟友の越前《えちぜん》朝倉義景《よしかげ》に援軍を頼んだが、義景がまだ動かぬ先に長政が美濃の戦場からとって返した。

「なぜだ。なぜ長政はこのように早く戻ってこられたのだ」

六角義賢は呻《うめ》き、朝倉との挟撃《きょうげき》を恐れて早々に軍を引き揚げた。

## 愛妻より父への信義に殉じる!

長政は織田信長の突然の越前出兵を耳にし、途方に暮れていた。

「この長政に一言のご相談もなく……」と長政は歯噛《はが》みをした。

「越前を攻めぬということは、織田・浅井の堅い盟約ではなかったのか」

すぐさま、長政の頭に妻小谷《おだに》の方《かた》の美しい顔が浮かんだ。小谷の方お市《いち》は、兄信長が美濃《みの》の斎藤氏攻略のために浅井氏に送り込んできた、いわば政略結婚の相手であった。しかし長政にとっては、まさに三国一の花嫁であった。美しいばかりか聡明《そうめい》で、細やかな愛情で夫を包んだ。二人の仲は人も羨《うらや》むほどの睦《むつ》まじさであった。しかし、この同盟には、浅井氏に相談なく信長が朝倉氏を攻めないという一札がはいっていた。いまそれが反古《ほご》にされたのである。

事のはじまりは十五代将軍足利義昭《よしあき》である。義昭は朝倉義景《よしかげ》に庇護《ひご》されて越前に隠れ住んでいたのを、斎藤氏を打ち破って上洛《じょうらく》を遂げた信長に招かれて将軍職につけてもらった。しかし、何事も自分の思いどおりにいかないのに腹を立て、打倒信長の画策《かくさく》を巡らす。そして、再び朝倉氏と手を結ぼうとした。信長と朝倉との対決は必至の状況となっていた。

信長の立場に立ってみれば、浅井氏に無断で朝倉氏を攻めたのも理解できないことはない。浅井氏はもともと朝倉と同盟関係にあったわけだし、浅井氏の周辺から事が漏れるのを恐れた。さらに攻撃は迅速《じんそく》を旨とすべしで、機先を制さなければならない。長政もそのあたりのことはよく心得ていたに違いない。しかし、父久政にはよくわかっていない。もともと戦略には全く疎《うと》い人である。祖父亮政《すけまさ》の時代に朝倉氏から受けた恩義に凝《こ》り固まっている。久政に味方する家臣のなかには、

「これは恩義の問題ではなく、信義の問題だ」

と、説く者もいる。こういう家臣たちには、長政が妻の容色に溺《おぼ》れて道を誤ろうとしていると映《うつ》るのだ。いずれも身近の内紛に明け暮れて、大局が見えなくなっている。

「父をとるか、妻をとるか」

長い呻吟《しんぎん》の末、長政は父を選んだ。

元亀《げんき》元年（一五七〇）四月、長政は越前《えちぜん》に出兵し、織田軍を攻撃した。

浅井の参戦でいったんは劣勢に立った信長だったが、まもなく戦線を立て直し、姉《あね》川《がわ》で朝倉・浅井連合軍を撃破した。信長は直ちに小谷城を囲み、三年の攻防ののち、これを陥落させた。長政は、あくまで夫に従うといい張る小谷の方と三人の娘を城外に出すと、自刃《じじん》した。戦国を生き抜くには、やさしすぎる武将であった。

# 第三章

# 「頭」を第一の武器にした男、「金」を第一の武器にした男

# 明智《あけち》光秀《みつひで》――いずれ頂点に立つための〝トップの見限り〟

享禄《きょうろく》元年（一五二八）生まれ？　美濃土岐《みのとき》氏の支族明智城主光綱《みつつな》の子というが詳細は不明。初め越前《えちぜん》朝倉氏、のちに信長に仕え惟任《これとう》の姓を受け、丹波《たんば》・近江《おうみ》を領す。天正十年（一五八二）本能寺の変を起こし敗死。

## 諸国を流浪し、研鑽を積む

弘治《こうじ》二年（一五五六）、斎藤道三《さいとうどうさん》が子義龍《よしたつ》に攻め滅ぼされたとき、光秀の父光綱《みつつな》の美濃明智《みのあけち》城も陥落した。光秀は妻子を連れて城を脱出、美濃の揖斐《いび》地方に逃れた。

美濃に隠れ住むこと数年、光秀は諸国放浪の旅に出る。加賀《かが》・越中《えっちゅう》を過ぎて北陸道を上杉謙信の越後《えちご》に至り、会津の芦名《あしな》氏、仙台の伊達《だて》氏、盛岡の南部氏城下まで足をのばした。上って常陸《ひたち》の佐竹氏をはじめ関東諸国を巡り、小田原の北条氏、甲斐《かい》の武田氏から近畿・中国地方にまで及んだ。四国の長曾我部《ちょうそかべ》氏、九州肥前《ひぜん》の龍造寺《りゅうぞうじ》氏にまで至ったとの記述も見受けるが、詳しいことはわからない。いずれにせよ、その地の地理・地勢、民情・治政の善し悪し、築城・軍備などを事細かに書き留めた。

永禄《えいろく》五年（一五六二）になって越前《えちぜん》の朝倉義景《よしかげ》に仕えたとき、このメモ帳を進呈して、たいそう喜ばれたという。この頃、義景は本願寺派の加賀一揆《いっき》の対策に手を焼いており、光秀は朝倉方の勝蓮華《しょうれんげ》氏に従って戦功を挙げた。この戦いで光秀は鉄砲の扱える者を五十人ばかり集めて一揆を一斉射撃し、殲滅《せんめつ》した。

この後、光秀は義景の前で鉄砲の試し打ちをしてみせた。百発中六十八発が命中、残る三十二発も的を外《はず》さなかったという。諸国流浪《るろう》中、身につけた技であったろうか。光秀は鉄砲上手といわれ、鉄砲寄子《よりこ》（従者）百人を預けられ、義景の臣下となった。

とはいえ、光秀の生活が、楽になったわけではない。こんなエピソードがある。

朝倉家に仕える光秀の仲間内で、汁事《しるごと》という集まりがもち回りで流行《はや》っていた。汁講ともいい、参加者は各々で飯をもち寄り、講親は汁だけ用意すればよいとのささやかな談話会だ。しかし、実際には汁だけではなく酒肴《しゅこう》も調える。光秀の番が回ってきたころ、明智家はその日の糧《かて》にも事欠くほどの貧乏のどん底にあった。しかし、いざ講を開いてみると、膳にはこれまでにないほどの馳走《ちそう》が並んでいた。

講が終わり、人々を楽しく送り出したあと、光秀は妻に訊《たず》ねた。

「いったい、あのような酒肴を、どうやって揃えたのか」

妻は黙って被《かぶ》り物を脱いで見せた。妻の自慢の黒髪は、元からぷっつりと切られていた。髪を売って講の支度をしたのであった。光秀は妻に、

「すまぬ。この後は必ず身を立て、お前の労苦に報《むく》いてみせる」

と誓ったと伝えられる。

## 歴史に〝反逆者〟の名を刻んだ翻意

光秀が朝倉義景を捨てて信長の臣下となったのは永禄十年(一五六七)頃といわれる。越前一乗谷城《いちじょうだに》にいた足利義昭《あしかがよしあき》が、信長に対面するため岐阜に赴いた永禄十一年七月には、光秀はすでに信長のもとにおり、細川幽斎《ゆうさい》とともに仲介の労をとっている。

信長のもとで越前平定、石山本願寺攻めなど数々の勲功《くんこう》をあげ、近江滋賀五万石、丹波《たんば》二十九万石の領地と惟任《これとう》の姓を受け、日向守《ひゅうがのかみ》に任じられた光秀が、天正十年(一五八二)、本能寺の変を起こしたのは、いったい何だったのだろうか。

この事変で光秀は、日本一の不忠者、反逆者の汚名をいまの世にまで残している。

しかし時は下克上《げこくじょう》の戦国の世の中である。武田信玄の父のように子を殺そうという親もいれば、斎藤義龍《よしたつ》のように親を殺す武将もいる。ましてや主君を裏切る家臣など、

掃《は》いて捨てるようにあったことだろう。

ただ、被害者の信長という人が、あまりに強烈な個性をもった天下人であったことが、事件を大きく浮かび上がらせた。加えるに、徳川時代を覆った儒教の精神が、忠孝を強く推し進めるため、光秀を標的とする物語をつくり上げていったことも、禍いしたと思われる。光秀を主殺しにまで駆り立てた心情も、いまひとつはっきりしない。いま残るなかでは怨恨《えんこん》説がもっとも多い。

光秀が家臣の並みいるなかで信長から幾たびも侮辱《ぶじょく》を受けた、とあるが、侮辱を受けたのは光秀だけではない。秀吉も叱責《しっせき》の数は十指にあまるというし、他の武将たちも一度ならず悔《くや》しい思いをしたに相違ない。信長という人はそういう気質なのである。

また、丹波の八上《やがみ》城を攻めたとき、光秀は自分の母と交換に、城主波多野秀治《はたのひではる》の助命を信長に乞うたが、信長が秀治を磔《はりつけ》にしたため、人質となっていた光秀の母も磔にされた。これを光秀が恨んだのは確かだろうが、これを反逆に結びつけるのは弱い。戦国武将の妻子親族は、常にそういう危険を覚悟しているはずだ。

最後に、もっともな理由として、信長が家康を安土《あづち》城に迎える饗応《きょうおう》役を光秀が命じられ、準備万端調えていたところ、とつぜん解任され、中国征伐に出陣している秀吉の後詰《ごづめ》を命じられた。光秀の面目丸潰《まるつぶ》れというわけだ。しかも、手塩に掛けて治めてきた近江・丹波を取り上げられ、あとは敵地の毛利領を切り取り次第という過酷さ。

しかし、このとき、中国行きを命じられたのは光秀ばかりではない。丹後《たんご》の細川忠《ただ》興《おき》も、摂津《せっつ》の池田恒興《つねおき》らも命じられている。信長にとって、家康の饗応より大事な何らかの軍事的判断があったとも、十分考えられる。

とすれば、光秀の反逆は、ほんの一瞬の翻意だったのではあるまいか。

時はいま　あめが下しる五月《さつき》かな

決行四日前に愛宕《あたご》山の西ノ坊で開かれた連歌の集まりで光秀が詠《よ》んだ句という。「時」を明智氏の前身「土岐」氏に掛け、「あめが下しる」を「天下を取るとき」と密《ひそ》かに決意を披露したということになっている。

ただ、京都本能寺にわずか二百の手勢のみで信長がいると知ったとき、ふと、悪魔が光秀の耳に囁《ささや》いたのではなかろうか。

「チャンスだ。おのれに賭《か》けてみろ」

## 教養が身を助け、身を滅ぼす

光秀がまだ朝倉家に仕官しているころ、東尋坊《とうじんぼう》の雄島《おしま》に遊んで詠《よ》んだ漢詩がある。

神島鎮祠雅興ヲ催ス　扁舟棹サス処瑤台ニ上リ

蓬瀛外ニ向イテ尋去ルヲ休メヨ　万里雲遙カニ浪推ヲ作ス

雄島の神社に詣《もう》でながら、日本海の荒波を漕ぎ行く小舟を眺めて作したものだろう、格調高い名詩である。

放浪と長い戦いの合間に、いつこんな教養を身につけたものであろう、光秀は優れた詩歌を幾つも残している。茶の湯にも造詣《ぞうけい》が深く、近江《おうみ》の居城坂本城では名のある宗匠《そうしょう》を招いて、毎年正月と九月に茶会を催していたという。

信長との出会いのきっかけとなった細川幽斎《ゆうさい》との深い交わりも、このような光秀の教養があってのことに違いない。また、信長のもとで京都奉行《ぶぎょう》を務めたことは、立ち居振る舞いにまで小うるさい公家《くげ》の人々や町衆のなかにあって遜色《そんしょく》のない交流ができたことであろうし、またその教養に、さらに磨きがかかったことであったろう。

その教養が、ときとして武張った他の武将たちに煙たがられ、主君信長にさえ疎《うと》まれた原因であったかもしれない。

# 細川幽斎《ほそかわゆうさい》

## ――力ある者に、巧みに取りいる〝変わり身の術〟

天文《てんぶん》三年（一五三四）足利《あしかが》幕府部屋衆三淵晴員《みつぶちはるかず》の二男として生まれ、側衆《そばしゅう》細川元常《もとつね》の養子となる。幼名万吉、本名藤孝《ふじたか》。足利、織田、豊臣、徳川と転進、家名を保つ。歌人としても有名。慶長十五年（一六一〇）没。

### 時勢を捉える確かな目

蝋燭《ろうそく》が消えようとするとき、最後の一瞬、輝きを見せる。足利《あしかが》幕府も、十五代将軍義昭《よしあき》で光は大きく瞬《また》こうとし、そして消えた。その義昭を引き出し、支えたのが細川幽斎《ゆうさい》（藤孝《ふじたか》）である。

幽斎は、十三代将軍義輝《よしてる》が三好・松永一党に殺され、その身に危険が及んだ義昭を奈良興福寺《こうふくじ》一乗院から助け出し、将軍職に就《つ》けようと図《はか》った。それには有力大名の力を借りるしかないと悟った幽斎は、義昭を守って近江の六角《ろっかく》氏、越前《えちぜん》の朝倉氏を頼ったが、いずれも見込み違い。

最後に目をつけたのが、新興著しい織田信長だった。信長にとっても将軍擁立とあれば上洛《じょうらく》の大義名分が立つ。信長は喜んで幽斎の申し入れを受け、実際、京へ攻め上って、義昭を将軍職につける。

しかし、新将軍は愚《おろ》かであった。政治の実権が信長に握られているのを妬《ねた》み、周囲の煽動《せんどう》にのって信長を敵に回した。幽斎はここにきて義昭を見限った。信長が敵対する義昭を討つため大軍を率いて京に上ったとき、幽斎は信長の陣に身を置いた。

程なく足利幕府は滅び、信長は文字通り天下人となった。幽斎は、この新しい主人のもと、武将として各地に働きを見せ、丹後《たんご》十二万石を領する。

天正十年（一五八二）、本能寺の変が起こった。明智光秀はかねが幽斎と親しく、娘たま（ガラシヤ夫人）を幽斎の子忠興《ただおき》に嫁がせていた。当然、幽斎は自分に味方してくれると信じ、援軍を求めてきた。しかし、幽斎は居城宮津《みやづ》城に引き籠もって、忠興とともに髻《もとどり》を切り、信長への弔意《ちょうい》を示した。このとき幽斎と号した。

そうこうしているうちに、秀吉が中国から馳せ帰り、山崎で光秀を討った。この状況をいち早く捉《とら》えた幽斎は、丹波に攻め入り、明智方の支城二つを落とし、秀吉に報告している。秀吉は丹後一国を幽斎に安堵《あんど》、幽斎は丹後の田辺城（舞鶴《まいづる》市）に移って秀吉に仕えた。

関ヶ原の戦いでは、迷うことなく徳川家康の東軍を選んだ。

幽斎は武人としてよりは、文人としての名が高いが、信長・秀吉時代には、数々の戦いに従い、それなりの戦功を挙げている。それよりもなによりも、政局の流れを読む目は確かで、それにもとづいての転身も素早かったといえよう。

## このきっかけが、文の道へ開眼させ、命を救う

幽斎は歌道・茶道・書道などすべての文の道に優れ、博学多識であったが、とくに和歌は群を抜いていた。三条西実条《さねえだ》の教えを受け、『古今集』の奥義を伝える「古今伝授」を授けられていた。
関ヶ原の戦いのとき、幽斎は宮津城にいた。息子の忠興は徳川秀忠《ひでただ》に従って会津に出兵していた。城にはわずかな兵と女や老人しか残っていない。幽斎は田辺城に籠城《ろうじょう》した。大坂方の兵一万五千が城を囲んだ。多勢に無勢、落城は目に見えていた。
籠城に先立って、幽斎は自分が所持している『古今和歌集』の相伝書《そうでん》が失われることを憂えた。そこで、
古《いにしえ》も今も変わらぬ世の中に心の種を残す言の葉

の一首を添えて朝廷に送った。辞世の意味もあったろう。後陽成《ごようぜい》天皇は、相伝書があっても、これを伝授する幽斎の身に危険が及ぶことに心を痛めた。

「いかにしても、幽斎につつがなきことを図るべし」

と、勅使を大坂に送って、石田三成や毛利輝元《もうりてるもと》に勅命を伝えた。

これを受け、寄せ手は直ちに攻撃を止め、幽斎は城を明け渡した。「芸が身を助ける」とは、まさにこのことをいうのであろう。

ところで、幽斎は初めから和歌の道に秀でていたわけではない。「公家《くげ》や女子どものすることで、武士の好むようなことではない」と嫌っていたという。

そこで、面白いエピソードが伝えられている。あるとき、敵を追いかけていて追い疲れ、もうそのまま戻ろうとした。すると家臣の一人がいった。

「いや、もう少し追ってみましょう」

「しかし、もはや敵の姿も見えぬではないか」

と、幽斎がいうと、その家臣は、

「古歌に『君はまだ遠くは行かじ我が袖の涙も未だ冷からねば』というのがあります。敵の乗り捨てた馬を撫《な》でてみると、まだ温かみが残っております。おそらく、さほど遠くには行っておりますまい」

と答え、さらなる追撃を勧《すす》めた。幽斎は半信半疑ながら家臣の言葉に従い、馬を返した。すると、まもなく逃げていく敵の姿が見えてきた。幽斎は追いつき、討ち取った。このことが、歌の道に励むきっかけになったのだという。

## 家康が教えを乞うた博識

関ヶ原の戦い以後、丹後《たんご》を出た幽斎は、京都の仁和寺《にんなじ》の近くに草庵《そうあん》を結んで、もはや表に出ようとはしなかった。しかし、徳川家康は、まだ幽斎に学ぶべきものが多いと考えていた。家康は側近の永井直勝《なおかつ》を呼び、

「幽斎殿は有職《ゆうそく》（朝廷や武家の官職・典例などの知識）にお詳しい。辞を低くして教えを請うてまいれ」

と、命じた。直勝は幽斎の庵《いおり》を訪れ、

「世情改まり、徳川の世もようよう創世の期に入ってまいりました。つきましては、古《いにしえ》の武儀・仕来《しきた》り、これからの礼節の有りようなど、ご教授賜りたく存じます。新しい政《まつりごと》の基本に取り入れたいとの、主人家康の願いでございます」

と、頼み込んだ。幽斎は喜んでこれに応《こた》え、さらに『室町家式』三巻を贈った。徳川家の礼節の定めは、幽斎の定めたものが多いという。

幽斎は日頃、周りの者にいっていた。

「学問は博《ひろ》く学ばなくてはならない。たとえば、物乞いのもっている袋のようにだ。残り肉、野菜くず、なんでも入っている。あらゆる知識が頭に入っていて初めて、自由に言葉を述べることができる」

こういった幽斎の学問や芸の道に関する逸話は数多いが、決して軟弱な人ではない。あるとき、牛車《ぎっしゃ》が前方から勢い込んで走ってきた。道行く人々が恐れ逃げ回るなかを、幽斎は大手を広げ、牛の前に立ちはだかって角を取り、「うんっ」とばかり押し返した。牛はずるずると後ずさりし、おとなしくなったということがあった。

また、北畠信雄の屋敷での能の催しに幽斎も招かれて行った。すると、門番が顔を見知らなかったので、竹杖を振り上げてなかへ入れまいとした。幽斎は竹杖といっしょに門番の腕をぎゅっと掴《つか》んだ。するとぼきりと音がして、竹杖と一緒に、門番の腕も砕けてしまった。しかし、幽斎はこの腕力のことをいわれると、迷惑《めいわく》げに答えた。

「それは若いころのこと。いまは何もかも衰えて、歌ばかり詠《よ》んでおります」

# 石田三成《いしだみつなり》――持ち前の〝要領の良さ〟で、出世のチャンスを掴む

永禄《えいろく》三年(一五六〇)近江《おうみ》国石田村の生まれ。幼名佐吉。寺の小僧から長浜時代の秀吉の近従となる。豊臣政権内で文治派筆頭として武断派と対立。近江佐和山《さわやま》城主。慶長五年(一六〇〇)関ヶ原の戦いを起こし敗れて刑死。

## 利《き》きすぎる才覚

歴史上で、内政に長《た》けた者が武断派に比べ損な役割を担うのは常である。武断派のような派手な物語性もないし、内政ではどう転《ころ》んでもどこかで誰かの恨《うら》みを買う。石田三成が後世まで罵詈雑言《ばりぞうごん》を浴びせられたのは、その官僚的手腕がずば抜けていたからに違いない。

「太閤検地」「刀狩り令」など、豊臣政権の内政的基盤を築き、徳川政権にまで引き継がれた政策の遂行は、三成の力に負うところが多い。のちに、徳川光圀《みつくに》は、「三成は悪人ではない。すべては主君のためにしたことだ。そのような者は、たとえ敵でも憎むべきではない」と、三成を貶《おとし》める周囲の風潮を戒めている。

もう一つ、三成は小才《こさい》が利《き》きすぎたことが、武人の社会では嫌われたのだろう。

茶坊主時代、鷹狩《たかが》りに来た秀吉に茶を所望され、最初の一杯は大ぶりの茶碗にぬる茶七、八分を、次は少し熱めを半分ほど、三杯目を求められると、普通の茶碗に熱い茶を少し差し出し、その気配りが出仕《しゅっし》の糸口となったというのは有名なエピソードだ。

ある年、大坂一帯が長雨に見舞われた。淀《よど》川が増水、河内堤《かわちつつみ》が切れて大坂城下は洪水の危険にさらされた。大小名は残らず出動、秀吉も京橋口まで出張って土嚢《どのう》の構築を急がせた。しかし、土嚢はおいそれとは集まらない。一同、額《ひたい》を集めて対策に悩まされている最中、三成は一人で決壊《けっかい》場所に出かけて行き、現場を検分すると、戻ってきて京橋口の米蔵を開けさせた。そして、人夫を集め、米蔵の米を運び出させ、

「米を切れ口まで運び、土嚢のかわりに積み上げよ」

と下知《げち》した。数千俵の米俵が決壊所に積み上げられ、城下の洪水は免れた。

さて、三成は河内の百姓や近隣の者に呼びかけて、急ぎ土嚢をつくらせた。その後、現場の奉行たちに交渉し、土嚢と米俵を積み替えさせ、

「いくらでも積み替えよ。積み替えた米はもち去ってよし」

と命じたので、土民たちは競って土嚢をつくり上げ、運んだ。そのため、たちまち

堤は修復され、以前より堅くでき上がったという。蔵に水損米の残ることもなかった。人々が三成の才知に感嘆し、秀吉の御感斜《ぎよかん》めでなかったことはもちろんである。

## 〝君臣同禄〟の志が、家臣を奮い立たす

このような三成を慕って、臣下の礼をとった士も少なくない。

島左近《しまさこん》は、もと伊賀上野の城主筒井定次《つついさだつぐ》の家臣であったが、定次が酒に溺《おぼ》れ、へつらう者ばかりを重用するのに嫌気がさし、禄を離れた。浪人にはなったがその名は天下に隠れもしなかった。

その頃、三成は秀吉から近江水口《おうみみなくち》二万石に封ぜられた。秀吉は、

「二万石とあらば、さぞや多くの士を抱えたであろうな」

と、三成に尋ねた。

「いや、島友之《ともゆき》(左近)一人にございます」

「ほう、で、友之には如何ほどの俸禄を与えたのか」

「一万石にございます」

「なに、一万石といえば、主《あるじ》のそなたと同じではないか」

秀吉はあきれ、また感心した。

「なるほどのう。主人と家臣が同禄というのは、古今東西聞いたことがない。それほどの志があってこそ、友之もそなたに仕えたのであろう。あっぱれなことだ」

実はこのとき、左近は三成を通じて秀吉に仕えるつもりであったという。しかし、三成にあまりに厚く遇せられたため、終生、三成に仕えることを決めた。

のちに三成が佐和山《さわやま》十九万四千石に封じられたとき、三成は左近に加増を申し渡そうとしたが、左近は、「いまのままで十分にございます。加増の分は他の方々にお与えください」といって受けなかったという。

治部少《じぶのしょう》（三成）に過ぎたるものが二つあり。島の左近に佐和山の城

と世間の人々は言いはやした。左近は三成のため、関ヶ原の戦いで壮絶な戦死を遂げている。

## 本意のために縄目《なわめ》の恥に耐える

慶長五年（一六〇〇）、三成は関ヶ原の戦いに敗れ、西に落ちようとしたところを田中吉政《よしまさ》の手の者に捕らえられた。吉政はかつての同僚であったが、三成は少々小馬

鹿にしていたきらいがある。囚《とら》われの身になっても、その態度は変わらなかった。

「おう、田中（兵部大輔）、これは先年太閤殿下より頂戴した珍器だ。形見に貴殿に進ぜよう」

と横柄《おうへい》にいって、切刃政宗という名刀を吉政に渡した。そして、

「貴殿の兵にからめ取られた際、一人二人も刺し殺して自害する手もあったが、関ヶ原では手前多忙のあまり、人々の最期をも見届けなかった。それを見聞きした人々の話を承り、あの世に参って太閤殿下へ物語りするがために、しばらく生きながらえていようとぞんずる」

とうそぶいた。また、大津の徳川家康の陣に引かれた三成に、本多正純《ほんだまさずみ》が、

「年若で事の是非《ぜひ》も分からぬ秀頼《ひでより》公に和平の道をお薦《すす》めする道もあったに、軽々しく戦さを起こしてこのように囚《とら》われの身となり、恥ずかしく思われないか」

と問うと、三成はきっとなり、

「徳川を討ち滅ぼさねば、必ずや豊臣家の御為《おんため》にならずと思い致したことだ。戦いのなかで裏切り者が出て敗れたのは無念きわまりない。これも運というものだ。判官《ほうがん》義経でも運に見放されれば衣川《ころもがわ》で討ち死にする。腹を切って人手に掛かるまいとするの

は木っ葉《こば》武士のすることだ。源頼朝が土肥《とい》（伊豆）の木の洞《ほらあな》に身を沈めた心は、汝にはわかるまい。もしや頼朝が大庭景親《おおばかげちか》に捕らえられていたら、いまごろは貴様に笑われていたろう。貴様のような者に大将の道を語っても無駄である」

と罵《ののし》り、それからは口をきかなくなってしまった。

さて、大坂・京都と引き回された三成は、いよいよ京の六条河原で討ち首となった。その日、刑場に引かれて行った三成は、途中で湯を所望した。供送りの者がそのあたりを探し求めたが、あいにく手に入らなかった。代わりに干し柿を求めてきて三成に差し出した。三成は、

「それは胆《たん》の毒だ」

といって口にしなかった。

「これから首を刎《は》ねられようという者が、毒だといって食さないのは笑止千万《しょうしせんばん》」

といって笑う者があった。すると三成は、

「お前たちのような下司《げす》な者にはそれでよい。志高い者は、たとえ首を刎ねられるその瞬間までも、命を大切にして本意を遂げようと思うものだ」

と答えたと伝えられる。

# 前田《まえだ》利家《としいえ》──「金」への執着心が生んだ、加賀百万石

天文《てんぶん》七年（一五三八）尾張荒子《おわりあらこ》城主利昌《としまさ》の四男として生まれる。幼名犬千代。信長に仕え「槍の又左」で勇名を馳《は》せる。軽輩より秀吉の友、豊臣五大老の一人。加賀《かが》百万石の基礎を築く。慶長《けいちょう》四年（一五九九）没。

## 武士だからこそ、金を侮《あなど》るな

利家《としいえ》は十四歳で信長に出仕《しゅつし》しているが、それからの道は平坦ではなかった。二十二歳のとき信長の同朋衆拾阿弥《どうぼうしゅうじゅうあみ》を斬って出仕御免を命じられたからである。利家はひたすら復帰を願って、たびたびの戦いにみずから出陣、敵の首級を挙げたりしたが勘気はなかなか解けない。二年後の永禄《えいろく》四年（一五六一）になって信長の美濃《みの》攻めがあり、利家は豪傑と恐れられていた敵の足立《あだち》六兵衛を倒し、ようやく勘当《かんどう》が解かれた。

そのころの俸禄はわずか四百五十貫（そのころの一貫は石高にしておよそ十石前後という）であった。戦備を調え、それなりの家臣も抱えて、暮らしは楽でない。

ある日、利家は父の代からの荒子《あらこ》の家臣であり、幼なじみでもある村井長八郎に、

「おい、お前はいま、いくら金子《きんす》をもっている？　わしは父上から頂戴したのが、これだけあるぞ」

といいながら、懐《ふところ》から巾着《きんちゃく》を取り出し、開けて見せた。全部で四両三分であった。

「私はこれだけです」

と長八郎は答え、巾着から二両一分を取り出した。

「ほほう、お前はわしより金持ちだな」

と利家は笑い、

「その金は何時《いつ》までも大事にしろよ。わしももっていよう」

といった。そしてその後も利家はしばしば、

「長八郎、例の金子は所持しておるか。わしはもっておるぞ」

といって、笑い合ったという。

武士が金銭にこだわるのは潔《いさぎよ》くないという風潮があるが、それは正しくないと利家はいう。

「人はとかく貧しくなると心が縮まり、世間体ばかり気にするようになる。金をもてば他人を恐れず世のなかも思いのままに過ごせる。わしはできるだけ金銭を集め、い

ざというときに見苦しくない対応をするつもりだ」

「金は人の首のようなものだ。これなくしては何もできぬ」

利家の館《やかた》には、いつでも取り出せる銭《ぜに》が、いくつかの大壺のなかに貯えてあったという。

## 〝加賀百万石〟の基礎を築く

利家の長兄利久《としひさ》は父の跡を継いで荒子《あらこ》城主となったが、気弱で武人には向いていなかった。他家に嫁いで子を孕《はら》んだ女性を妻とし、生まれてきた男子に家を継がせようと考えた。信長は怒って利久から所領を取り上げ、利家を跡目に据えた。

織田家の重臣である柴田勝家《しばたかついえ》や森可成《よしなり》、佐々成政《さっさなりまさ》がやってきて利家の家督相続を祝った。談笑がすすむうち、酒の酔いもあって勝家が利久をこきおろしはじめた。

「それにくらべて利家は名うての戦《いく》さ上手。お館様が家督相続をご命じになるのももっともだ」と、利家を褒《ほ》めそやした。すると利家は憤然として、

「利久が将の器《うつわ》でないことはどなたもご存じのこと。しかしながら、この利家が家督を継いだからといって、兄を誹《そし》り私をお褒めいただいたとて、いっこうにうれしくは

ございませぬ。どうぞお引き取りください」

と食《く》ってかかった。勝家もその剣幕に驚き、「すまぬ。口が過ぎた」と、ひたすら謝《あやま》った。利家の心根のやさしさを語るエピソードである。

また、ずっとのちの秀吉時代のことになるが、北条氏が小田原に敗れて、氏政《うじまさ》の弟で上野《こうずけ》国箕輪《みのわ》城主北条氏邦《うじくに》が利家に預けられた。利家は千石を与えて金沢に置いた。氏邦が死ぬと、京都の紫野《むらさきの》で僧になっていた氏邦の妾腹《しょうふく》の子を見つけ出し、呼び寄せて還俗《げんぞく》させ、千石を継がせた。

これを耳にした徳川家康が、利家の嫡男利長《としなが》に、

「北条父子は、本来ならば太閤殿下が成敗《せいばい》なさるべき者たち、これまでのように僧にしておかれたほうがよかったのではあるまいか」

と不満を述べた。利長からそれを聞いた利家は、

「いや、氏邦は、先年、太閤殿下が、面倒をみてやれと、わしにお預けなされた者である。面倒をというからには、後々成り立つまで世話するのが、わしの役目だ」

と、家臣たちの前でいった。それから利長だけを一人呼び、こう諭《さと》した。

「さてもその方、考えの浅い奴じゃ。たとえ家康がさように申しても、わしに告げる

ことはない、みずから先ほどのように答えるべきだ。いまのままいくと、いずれ徳川と前田は敵対せねばなるまい。そのとき、氏邦の子を抱えておけば義理堅い関東武者は、先主の恩を忘れず、北条の旧臣のなかには立ち上がる者もあるであろう。さすれば、たちまちに関東はわれらが味方になること請《う》け合いである。よくよく先々のことを慮《おもんぱか》って、事はすすめるものだ」

利家は職務での付き合いや周囲の者たちばかりではなく、臣下や領民たちにもよく気を配った。金沢の城下町近辺は、すべて家臣たちの知行地となっていたという。領主直轄地の城下を家臣の知行として与えた大名は他にいない。

領内にしばしば鷹《たか》狩りに出て、そのたびに領民たちの暮らしぶりを尋ね、恩恵をほどこした。税を軽くし、掟《おきて》を厳しく、政治にはみずから気を配ったので領内は常に安泰であった。そのため、徳を慕って国外からも人々が集まり、城下は栄えた。加賀百万石の繁栄は、利家が基礎をつくったといえよう。

## 板挟みの状態で利家がとった苦渋の選択

万事につけ心優しい利家の生涯で最大の苦衷《くちゅう》は、賤《しず》ヶ岳《たけ》の合戦であったといえよう。

天正十年（一五八二）六月、信長が本能寺の変に倒れたとき、能登《のと》にあった利家は加賀の柴田勝家《しばたかついえ》、越中《えっちゅう》の佐々成政《さっさなりまさ》とともに越後の上杉景勝《かげかつ》と対峙《たいじ》していた。上杉の拠《よ》る魚津城がようやく陥ちた前日二日に、変は起きていた。

信長の死は、北陸地方の反織田勢を勢いづかせ、利家らはその対応に手を焼いた。その間に秀吉が中国戦線からの大返しを敢行、明智光秀を討って、その勢いで天下の実権を握ろうとしていた。それに対し勝家が反発、天正十一年、琵琶湖の北方余呉湖《よごのうみ》の畔に布陣《ふじん》した。賤ヶ岳はその南にある。秀吉方は東の木之本《きのもと》に陣を置いた。

その間、利家はどうしたか。秀吉は、信長に「犬」「猿」と呼ばれた頃からの親友であった。娘豪姫《ごうひめ》は秀吉夫妻の養女である。勝家はまた、利家がまだ信長の近習《きんじゅう》であった頃から目をかけてくれ、苦境を何回も救ってくれた。早くに父を失った利家は、勝家を「親父様《おやじ》」と呼ぶほどの仲であった。このたびの戦いでも、当然、両方から加勢の要請がきている。

熟慮の末、利家は勝家方に身を置いた。能登と加賀では地理的にも隣接し、同じ北陸で戦った北国衆の同志でもあった。長い恩恵も捨てきれない。

利家の行動は最初から鈍かった。そして大岩山を奇襲した勝家方の佐久間盛政《さくまもりまさ》が秀吉方の反撃を受けて敗走するのを見ると、戦場から離脱してしまった。

一説では、戦いに敗れ、越前北庄《きたのしょう》へ逃げる途中の勝家が、利家の籠もる越前府中《ふちゅう》城(武生市《たけふ》)を訪ねて、

「わしに味方してくれてうれしかった。以後は秀吉と結び、家の安泰に努めよ」

と、励ましたという。

秀吉は勝家を追って利家の府中城を囲んだが、攻撃はしかけなかった。そればかりか、いかにも旧友のように振る舞った。利家は秀吉がすでに自分を許していると悟《さと》り、降伏した。利家のこのときの不可解な退陣は、当然ながら「裏切り者」として世間の非難を浴びた。なかには、これは利家があらかじめ秀吉と謀《はか》ってとった行動だという者もあった。

「親父様の敗北は、ときの流れだ。わし一人の加勢で、どうなるものでもない。また、秀吉に対してはなんの恨《うら》みも憎《にく》しみもない。このまま戦いをつづけて余計な血を流し、あまつさえ家を潰《つぶ》すことは、先祖に対しても家臣に対しても、済《す》まぬことだ」

と利家はいった。おのれの名を失っても、家と家臣を守りたかったのである。

## 蒲生氏郷《がもううじさと》――武力増強のためには、「金」に糸目をつけず!

弘治《こうじ》二年（一五五六）六角佐々木氏の臣賢秀《かたひで》の子として近江《おうみ》蒲生郡日野に生まれる。幼名鶴千代、通称忠三郎。信長に仕え、のち秀吉に属し会津九十二万石、黒川城（若松）を築く。文禄四年（一五九五）病死。

### 常に先頭を行く鯰尾《なまずお》の銀兜《ぎんかぶと》

氏郷は永禄《えいろく》十一年（一五六八）十三歳のとき人質として信長のもとに送られ、信長の娘冬姫と結婚した。明くる十二年、信長は伊勢《いせ》の大河内《おおこうち》城を攻めた。まだ元服前だったので、信長は出陣を見合わせるように氏郷の父賢秀に命じた。

その氏郷が陣中から姿を消した。賢秀は必死になって息子を探し求めた。すると、

「大将の首討ち取ったり」

意気揚々と先陣の戦闘のなかから、敵の首二つと旗印を引っ下げて戻ってきた。

「天晴れの初陣《ういじん》なり」といって、信長はみずから打ち鮑《うあわび》（祝いの品）を与えたという。

それからの戦いでも、氏郷は常に全軍の先頭に立った。

新しく仕官する者があると、

「銀の鯰尾《なまずお》の兜をかぶり先陣する者がいたら、それに遅れぬよう働け」

と激励した。銀の鯰尾の兜をかぶった武者とは、氏郷自身のことであった。

本能寺の変後、秀吉と織田信雄《のぶかつ》の確執《かくしつ》があり、氏郷が北伊勢の戸木城を囲んだときの話である。

家臣の岩田一右衛門は本陣と城の間にいたので、鉄砲の音を聞くと、自分が一番乗りとばかりに駆けつけた。ところが、遥か先方に、鯰尾の兜が見えたという。兜には三発の鉄砲玉が食い込んでいた。このとき、氏郷はいつも乗っている馬の準備が遅れて、二番手の馬で出撃した。もしいつもの駿馬《しゅんめ》だったら、先を行き過ぎて恐らく命はなかったろうと、家臣どもはいい合った。

もっとも秀吉は、このような氏郷の先駆けを買っていない。あるとき、諸将に、

「仮に、織田信包《のぶかね》に五千、氏郷に一万の兵を付けて戦わせたら、どちらへ味方するか」

と問うた。皆が答えかねていると、秀吉はこういったという。

「わしなら信包に付く。なぜなら、蒲生方の首を五つ取ったならば、そのなかに必ず氏郷の首があろう。信包方は、四千九百まで討ち死にしても、信包は死ぬまい。とす

れば、大将の討ち取られた方が負けになる」

## 卑怯者《ひきょう》・臆病者《おくびょう》も使いよう!

背中に「天下一の卑怯者」と金箔で書いた鎧《よろい》を着た武者が蒲生家にやってきた。

「私は天下一の卑怯者ではあるが、私のような者でも何かお役に立つことがあるか、お目に留まれば、仕官つかまつりたい」

名は松田金七秀宣といった。家臣がこれを取り次ぐと、氏郷は、

「自分で卑怯者と正直に語るところは、並の者ではあるまい」

といい、扶持《ふち》を与え、鉄砲頭に取り立てた。氏郷の眼鏡どおり、秀宣はかずかずの合戦に手柄を立てた。のち、長束正家《なつかまさいえ》に仕え、関ヶ原の戦いで戦死したという。

もう一人、松倉権助という者の話がある。権助は元筒井順慶《つついじゅんけい》の家臣であったが、臆病者と罵《ののし》られ主家を去った。氏郷のところへきて、仕官を申し出た。

「臆病者でも、良将のもとでなら用いられる道もあるかと参じました。ご扶持《ふち》を賜りたくぞんじます」

氏郷は見所ありと判断して、召し抱えた。

間もなく合戦があり、権助は期待に応《こた》え、槍でいくつもの首級を挙げた。氏郷は自分の目の狂っていなかったことに満足し、二千石を与え、物頭《ものがしら》に抜擢《ばってき》した。

その後の戦いでも、権助は際立《きわだ》った働きをし、敵味方の目を驚かせた。しかし、勢いに乗じてあまりに深入りし、討ち死にした。氏郷は、

「権助は剛毅《ごうき》・果敢、志も高かった。人の風下に満足している者ではない。そこを見込んで取り立てたのだったが、それが間違っておった。もう少し出世を見送っておったなら、無理な討ち死にはしなかったものを。わしの過ちであたら武士を失った」

と、涙を流して悔《く》やんだ。

## 知行を全部配る

氏郷は常日頃《つねひごろ》から武力を養うことに努ていたが、自身の蓄えは少なかった。優れた智者や武士がいると聞けば、金に糸目をつけず呼び寄せたからであったという。

九十二万石になってからも、蒲生家の食事がしばしば滞《とどこお》ることがあり、見かねた家臣がかわるがわる養ったこともある。そんなに貧しいのは、家臣の知行を大盤振《おおばんぶ》る舞いするからだった。九十二万石に加増されたとき、老臣たちが家中の知行配当を決め

ようとした。氏郷は、

「自分に決めさせたらよい」

という。一万石と思う者には二万石なり三万石を与え、万事その調子で与えたので、たちまち九十二万石では足りなくなってしまった。老臣たちは、

「過分に知行を賜ったことは有り難いことではございますが、これでは士卒たちへの配り分がなくなってしまいました。ましてや殿のお蔵に入れる分は全くなくなり、このままではいざ戦というときに間に合いませぬ」

と申し立てたが、

「そうか、足らぬか、なればお前たち、配り直せ」

と、氏郷は平然としている。家臣たちはこのことを聞き、

「お蔵《くら》入りの分も考えずに、われわれに知行を与えようとされたのか」

と、氏郷の気持ちをありがたく受け止め、いっそうの忠誠を誓った。

第四章

# ナンバー1にのしあがるための論理

# 織田信長《おだのぶなが》——パフォーマンスで、さらに〝強い自分〟をプロデュース

尾張《おわり》国下四郡の奉行織田備後守《びんごのかみ》信秀の嫡子。天文《てんぶん》三年（一五三四）那古野《なごや》城で生まれる。幼名吉法師《きっぽうし》、のち上総介《かずさのすけ》信長。足利《あしかが》幕府を倒して天下を治めるが、天正十年（一五八二）明智光秀《あけちみつひで》の謀反《むほん》で本能寺に自刃。

## 無頼が備える細心さ

近年、とみに織田信長が見直されているという。とくに若手の歴史研究家の間で盛んである。すぐれた戦略家としてだけではなく、政治・行政・文化・経済にいたるまで、その先見性、近代性に焦点が当てられている。

若い頃の信長は、「大うつけ（おろか者）」といわれ、そのために傅役《もりやく》の平手政秀《ひらてまさひで》が諫言《かんげん》死したほどである。なにせ普段の格好ときたら浴衣の袖をはずし、短い半袴《はんばかま》、火打石袋や、瓢箪など、いろいろなものを腰の周りにぶら下げて、髪は頭のてっぺんで毛を纏《まと》める茶筅髪《ちゃせんがみ》、その髻《もとどり》を紅や萌黄《もえぎ》色《いろ》の糸で巻き上げている。太刀は朱鞘《しゅざや》。お付きの者たちも皆、朱色の武具を付けている。その一行が町を通るときには、柿や瓜をが

ぶついたり、餅を頬ばったりしており、なかでも信長はだらしなく人の肩にぶら下がっているような歩きざまで、誰彼となく話しかける。政秀ならずとも、このような跡継ぎに見切りをつけるのはもっともである。

だが、このような信長のパフォーマンスの裏側を見抜いた人物がいる。その一人が、信長の岳父《がくふ》斎藤道三《どうさん》であった。

道三は娘婿の信長を一度見ておきたいと、富田《とだ》の正徳寺《しょうとく》（現一宮市内《いちのみや》）に招いた。そうしておいて自分は、町はずれの小さな家に潜んで、様子を窺《うかが》っていた。自分の意にそわぬ婿であったら、その場で討ち果たそうと思っていたとの説もある。やがて遠くから人馬の足音と砂煙が近づき、道三主従の目の前を風のように通り過ぎて行った。

この時点で、道三は信長に圧倒されていた。なるほど、馬上の信長の風体《ふうてい》は噂《うわさ》の通り、いやそれにも増して、きんきらきんの太刀に、藁縄《わらなわ》を巻いた長い脇差しを二本もさして、虎革と豹革《ひょう》を四色に染め合わせた半袴という出で立ちは、異様としかいうほかはない。だが、道三が目をつけたのは、その供揃えであった。

足の速い足軽どもを先頭に、三間（五メートル余）ほどもある朱槍を五百本、弓・鉄砲の者には五百挺もたせたと『信長公記』にはあるが、これは少し大袈裟《おおげさ》であろう。

七、八百人ほどの供の者が信長を囲んでいたというから、いかな道三でも手が出せない。
しかも、道三が急いで正徳寺へ帰ってみると、そのときはもう、信長は髪を結い直し、長袴《ながばかま》に小刀という正装に威儀を正し、道三との対面を果たしたという。終わって道三は信長を送り出したが、そのとき美濃衆《みのしゅう》の槍は短く、尾張衆の槍は長く猛々しく、その差は瞭然《りょうぜん》、道三の顔は苦虫《にがむし》を噛み潰《つぶ》したようだったに違いない。家臣の一人が、

「噂通りのたわけでございましたな」

というと、

「無念だが、いずれ我が息子たちは、そのたわけの門前に馬をつなぐことになろうよ」

と、溜息《ためいき》を吐いたという。門前に馬をつなぐとは家来になるという意味である。

もう一人、悪評のなかにある若き俊才に目をつけたのは、甲斐《かい》の武田信玄《たけだしんげん》であった。信玄はたまたま立ち寄った尾張からの旅の僧に、信長についてあれこれ尋ねた。そのなかで、信長が鷹狩りを好むということに強い興味を示した。僧は信玄の求めに応じて答える。

「信長様は配下の者二十人ほどを二里（約八キロ）、三里先の村々に鳥見にやり、雁《がん》や鶴《つる》など獲物を見つけると見張りを立てさせ、信長様ご自身に報告いたさせます」

「狙《ねら》いをつけた獲物の周りを馬乗りの者にゆっくりと回らせ、信長様は馬の陰に隠れて、十分近づいたところで走り出て鷹をお放しになります。また、百姓の格好をした者が鍬《くわ》をもち田を耕すように見せかけて、鷹が獲物と組み合っているところを出ていって押さえます。信長様はこれがたいへんお上手だったと聞き及んでおります」

「なるほど」と、信玄は答えた。「信長が家来共の心をしっかりつかんでおるのは、もっとものことよ」

獲物の心理まで巧みに読むという信長の細心さに、信玄は舌を巻いたのである。ついでにいうならば、多くの鳥見役を四方に放って情報を収集する機知に、警戒心を抱いたのかもしれない。

## 攻めどころを一気呵成に討つ！

「人間五十年、外天《げてん》の内《うち》にくらぶれば、夢幻《まぼろし》の如くなり。ひとたび生をうけ、滅せぬ者のあるべきや」

幸若舞《こうわかまい》『敦盛《あつもり》』の一節である。信長は幸若舞が好きで、名の通った役者などを招いて演じさせていたが、自分では『敦盛』しか舞わなかったという。

永禄《えいろく》三年（一五六〇）、今川義元《いまがわよしもと》が大軍を率いて尾張に迫った。ときに足利幕府は衰え、群雄割拠の時代である。東国では越後《えちご》の上杉謙信、甲斐の武田信玄、駿河《するが》の今川義元が、覇を求めて上洛《じょうらく》の機会を競っていた。

今川が京都へ出るには、隣国の尾張が邪魔になる。信長の父信秀の代から、今川はしばしば尾張に侵入していた。信長は跡目を継いで十一年、度重なる身内の離反に手を焼いて、ようやく国内を一手に収めたところだった。尾張の力が蓄えられないうちに一挙に叩《たた》いてしまおうというのが今川の腹である。

およそ三万五千ともいわれた今川軍が、織田の鷲津《わしづ》・丸根《まるね》砦《とりで》を落として桶狭間《おけはざま》で休息したのを聞いて、信長は一気に打って出る決意を固めた。

織田の諸将はその無謀を阻止しようと諫《いさ》めた。信長は聞かず、側近の六騎ほか十数人で清洲《きよす》城をあとにした。追々兵が集まり、熱田社に着いたときはおよそ一千騎。社《やしろ》に戦勝を祈願すると、内陣に物鳴りがして戦勝の瑞兆《ずいちょう》を表わしたという。織田軍が桶狭間に着いたときには総勢三千ほどになっていた。一方、今川勢はすっかり戦勝気分である。そのうえ篠《しの》突く雨に兵士たちは分散し、おのおの物陰に身を寄せていた。そこを織田軍は押せ押せで攻め寄せ、大混乱のなかを、義元の首級を挙げた。

## 万全の準備と、柔軟な戦術

「小勢を以《もっ》て大敵を討つ、運は天にあり」

桶狭間では天運の赴くまま一気呵成《いっきかせい》に戦いを挑んで勝利した信長であったが、その後の戦いでは、万全の準備を整えて敵を制圧する手法が多かった。

元亀《げんき》元年（一五七〇）、越前の朝倉義景《よしかげ》と対峙《たいじ》したとき、朝倉方の支城金《かね》ヶ崎《さき》城を攻略したにもかかわらず、信長の義弟浅井長政《あさいながまさ》の裏切りに合い、形勢不利となった。浅井方の将のなかに、

「信長は敏《さと》きこと猿の如し。敵の機を見て忽《たちま》ち手段を改めるべし」

と、評した者があったが、果たせるかな信長は金ヶ崎城に木下藤吉郎を置き、これと徳川家康に殿軍《しんがり》を任せ、一目散に引き揚げてしまった。戦況が不利のときには恥もなにもかなぐり捨てていたずらに兵が消耗することを避けたのである。

改めて朝倉・浅井連合軍と織田・徳川連合軍が対決したのが姉川《あねがわ》の戦いだが、このたびは激戦の末に織田方の勝利に終わった。

また、長篠《ながしの》の戦いでも、信長の慎重ぶりは目をひいた。天正三年（一五七五）、徳

川家康方の守る三河《みかわ》の長篠《ながしの》城を武田勝頼《かつより》の甲州勢が取り囲んだ。それまでも戦いは一進一退を繰り返し、徳川勢は疲労困憊《ひろうこんぱい》、城の落ちるのも時間の問題に思われた。

家康は信長に援軍を求め、信長はそれに応じて二万の軍勢を率い救援に赴いた。けれども、これがなかなか現場に到着しない。それもそのはず、三里の道を行くのに、なんと三日かかったという。いかに山また山の難所でもこれはかかり過ぎだ。

「おおかた、嫌気がさしたのだろう」

と、人々は非難したが、信長はこう言っている。「弱気を見せ、相手の奢《おご》りを引き出す戦略だ」

こんなこともあった。それより前、天正二年に伊勢長島《いせながしま》の一向一揆《いっこういっき》と戦っていたとき、配下の蒲生氏郷《がもううじさと》が敵の剛《ごう》の者と組み討ちして首級を挙げた。信長はこれを褒《ほ》めず、

「一方の将たる者が、敵と組み討ちして功を焦《あせ》るとは軽率この上ない。己《おのれ》の身を守ってこそ、将の将たる所以《ゆえん》である」

と、戒めたという。このように身辺に細心の注意を払っていたはずの信長が、本能寺で明智光秀に襲われた無防備さは、いったいどうしたことであろうか。まさしく天魔《てんま》に魅入《みい》られたとしかいいようがあるまい。

## 豊臣秀吉《とよとみひでよし》――下層から這い上がるコツ――〝いざ〟というときの味方の作り方

天文《てんぶん》六年（一五三六）、尾張《おわり》中村に百姓弥右衛門《やえもん》の子として生まれる。幼名日吉、織田信長に仕え、木下藤吉郎、羽柴筑前守《はしばちくぜんのかみ》秀吉。信長の死後、天下統一。関白・太政大臣、豊臣の姓を受ける。慶長三年（一五九八）没。

### 手の届くところを一心に

秀吉が寒中、信長の草履《ぞうり》を懐に温めて出世の糸口をつかんだ挿話《そうわ》はあまりにも有名だが、秀吉がいきなり草履取りに取り立てられたということはない。草履取りは身分は低いが、常に主君の近辺に出仕《しゅつし》し、ときには一対一の場になることもある。

お忍びの外出などでは一人で供をすることもしばしばであったようである。よほど信用を得てからでないと採用されない。ましてや秀吉は、小者とはいえ、信長の宿敵今川義元《よしもと》の家臣松下之綱《ゆきつな》のもとで働いていた身である。

この松下家を飛び出し、放浪の末、折から鷹狩りにきていた信長に直訴《じきそ》し、家来の末端に入ることを許された。おそらく鷹狩りの獲物を追い出す勢子《せこ》あたりからはじめたのではなかろうかとか、厩番《うまやばん》との説もある。

秀吉が草履取りの頭《かしら》になってからの話がある。主君が寺社や他家を訪れたときなど、普通、草履取りの頭《かしら》は内に上がり、配下を外に控えさせている。しかし、秀吉は常に玄関先にいた。不審に思った信長がそのわけを問うと、秀吉は答えた。

「戦場とは異なり、このようなときには、とかく気持ちが緩《ゆる》みがちのもの。万が一にも敵方の忍びが近寄らないとも限りませぬ。そこでわたしがこうして見張っているのでございます」

またあるとき、朋輩《ほうばい》が集まって夜語りしていた。話題は各々の志についてであり、ある者は大国の主たらんといい、なかには天下を取るという者もある。

「木下殿は？」

と、尋ねられると、

「自分は苦労してやっと三百石を手にした。このうえはあと三百石欲しいものだ」

と、答えた。人々は秀吉の志の低さを笑った。

「おのおの方は所詮《しょせん》手の届かぬことをもって志という。わたしは手の届くところを目指して一日々々を勤め、奉公一途に六百石を手にするつもりだ」

と、秀吉は付け加えた。これこそ下賤《げせん》から身を起こし、ついには天下を手に入れた秀吉の、終生の座右《ざゆう》の銘《めい》であったろう。秀吉は日頃、

「下から這《は》い上がる者と、上から治める者とでは、おのずから志すものに違いがある。下の者は、目前をただ一心に勤めればいいのだ」

と、いっていたという。そうやって高い石段を上るように、一段々々上を目指すというのが秀吉のやり方であった。

## 心の機微を巧みについた金の使い方

秀吉が士分に取り立てられて間もないころである。信長の居城清洲《きよす》城が百間（約一八〇メートル）ほど崩れて修復に手間がかかった。二十日たってもはかばかしい進捗《しんちょく》がない。信長の供をしてこれを見た秀吉は、

「ああ、危ないことだ、危ないことだ」

と、聞こえよがしに独《ひと》り言《ごと》をいっている。信長が聞きとがめて、

「お前なら幾日で仕上げるか」

と、尋ねると、

「私めにお任せいただければ、二日、三日で仕上げてご覧に入れます」

(猿め、暴言を吐きおって)と信長は内心、腹立たしかったが、

「なればやってみよ」

と秀吉に修復の奉行《ぶぎよう》をさせ、鷹狩りに出かけてしまった。そして二日の鷹狩りから戻って驚いた。石垣は立派に修復されていた。

秀吉のやり方はこうだ。人足を大勢集めてきて、酒や食事をふんだんに与え、

「信長様からの下されものであるぞ。みんな思うままに食え、飲め、そして働け」

とハッパをかける。そのうえで人足達を十隊に分け、石垣を十間ずつもたせて、

「一番の組にはさらに恩賞が出るぞ」

と、仕事を競《きそ》わせたのである。

秀吉は日頃その出生の賤《いや》しさだけでなく、金銭に汚《きたな》いと陰口されていた。しかし、その金は、このようなときのために密《ひそ》かに貯《たくわ》えていたのであった。その日の食べ物にも事欠いた貧しさのなかに育った秀吉は、人がいかに金や酒食で動くか、人心の機微をよく心得ていた。

永禄四年(一五六一)、信長は美濃《みの》の斎藤龍興《たつおき》(道三の孫)の居城井ノ口城(岐阜

城）を攻めた。井ノ口城は背後は山岳地帯、東面に墨俣川《すのまた》（長良川《ながら》）のある天然の要害でなかなか落ちない。墨俣川の西岸に砦《とりで》を築いて、ここを足場に一気に攻め込むつもりだが、その砦がなかなかできない。つくりかけては完成前に敵の攻撃を受け壊《こわ》されてしまうのだ。

このときもまた、秀吉のため込んだ金が物をいった。

秀吉はまたもや、しゃしゃり出て墨俣砦の構築を請け負った。秀吉はかねてからこの時を期して、蜂須賀小六《はちすかころく》をはじめ、川沿いの土豪たちを手なずけておいたのである。武器は口八丁と持ち前の人懐《なつ》かしさ、それに金である。

「わたしが城持ちになったら、必ずやお前たちを引き立ててやるぞ。わたしが声を掛けたらすぐに駆けつけてくれ。それまでは武器を整え、英気を養っていてくれ」

といい、金を与えた。事実、小六などは、のちに阿波《あわ》十七万余国の領主となっている。さらに、竹中半兵衛《はんべえ》、稲葉一鉄《いってつ》などの国衆《くにしゅう》（土着の有力者）にも近づき協力を約束させて、周辺からの手出しを遮《さえぎ》った。そのうえで、秀吉は地勢を熟知したそれらの土豪を巧みに使って、墨俣砦を完成させた。

秀吉が砦をつくったのが永禄九年、翌十年には井ノ口城は落城している。

この美濃攻めこそ、秀吉の「一番功名」であった。この戦いに先立って、秀吉は信長に、砦完成に働きのあった者への厚い手当てと、戦功者への恩賞、敵城を落とした者へはその城を与えること、などを約束させていたという。

## 敏速こそ勝利の鍵《かぎ》

このように、日ごろはまんべんなく周囲に気を配っている秀吉だったが、いったん、事あるときの行動は驚くばかり敏捷《びんしょう》だった。

元亀《げんき》元年（一五七〇）姉川《あねがわ》の戦いの後、朝倉・浅井連合軍が琵琶湖の西岸、大津坂本口へ打って出て織田の守備軍を制圧するという事件が起こった。折から摂津《せっつ》（大坂）方面で石山本願寺の一向一揆《いっこういっき》と戦っていた信長は、急遽《きゅうきょ》兵を返し、志賀の宇佐山城に拠《よ》った。いわゆる「志賀の陣」である。

朝倉・浅井連合軍は比叡山に逃げ込み、戦闘は硬直状態に陥った。信長の手勢は一向一揆を相手に四方に分散しており、手薄だった。地元の佐々木六角氏や三好氏は事あればと、織田軍の隙を狙《ねら》っており、彼らは地元の一向一揆を煽《あお》って、あちこちゲリラのように蜂起《ほうき》させ、手がつけられない。

そのとき、信長は城内から敵の動きを見計らっていた。と、南の方から突如砂塵《さじん》が上がって見えた。

「すわ、六角が動き出したか」

まもなく、危急の伝令が到着した。

「藤吉郎、五郎左衛門（丹羽《にわ》）、ただいま参着いたしました」

城内の面々に喜色《きしよく》が走った。

思いがけない援軍であった。藤吉郎は浅井方の小谷城の押さえの横山城に、五郎左衛門は同じく佐和山城の押さえである百々《どど》屋敷に詰めているはずだった。両所とも坂本からは琵琶湖を挟《はさ》んで北東にあり、守備の人数も限られている。そのなかから本隊をそこに残し、わずかの手兵を率いての素早《すばや》い参戦だった。群がる一揆勢を蹴《け》散らし蹴散らし突進してくるさまを見て、このときばかりは信長も二人の手をとり、

「この一事、信長生涯忘れぬぞ」

と、大いに感謝の言葉を述べたという。

天正十年（一五八二）六月二日、いわゆる「本能寺の変」に際しての秀吉の敏速《びんそく》果敢な行動は、とくに天下の耳目《じもく》を驚かせた。

折から秀吉は、西国平定の先鋒《せんぽう》として毛利の部将清水宗治《むねはる》が守る備中《びっちゅう》高松城（岡山市）を囲んでいた。毛利への明智光秀の密使が秀吉の手の者に捉《とら》えられたのも、秀吉には幸運だった。

秀吉は信長の死を隠して素早く毛利に講和を入れ、宗治の切腹を条件に高松城を解放した。その足で姫路《ひめじ》城にとって返すと、その後二日ばかり置いて出発、夜を日に継いで京都を目指した。凶報を受けたのが六月二日、十一日には、はや播磨《はりま》の尼崎《あまがさき》に到着して軍をまとめ、援軍を得て十三日には京都に入った。

秀吉と光秀の対決は、京都から大坂に近い山崎で行なわれた。勢いに乗り大義名分を掲げる秀吉軍は圧倒的強さを見せ、光秀は敗れて逃げる途中で土民に殺された。最も激しい戦いが展開されたのが山崎にある天王《てんのう》山だったので、以後、雌雄《しゆう》を決するような争いを「天王山の戦い」というようになった。秀吉のライバルであった徳川家康も柴田《しばた》勝家《かついえ》も、この弔《とむら》い合戦に間に合わなかったため、天下取りに遅れをとった。

## 家康を一家臣に貶めた方策

天正十二年十一月、秀吉と家康は小牧《こまき》・長久手《ながくて》の戦いをもって和睦が成立した。家康は挨拶のため上洛《じょうらく》、伏見城に秀吉を訪ねようとした。しかし、なぜか秀吉はいろいろ理由をつけて会おうとしない。

「これは、徳川殿に切腹を仰せつけられるのではあるまいか」

周囲ではさまざまな憶測が飛び交い、不穏な空気が漂う。

それを待っていたかのように、秀吉は莫大な金品を携えて家康の宿所を訪れた。それも三日つづけて。そして、

「明日は諸大名の前で貴殿にお目にかかるが、ここにひとつお頼み申したいことがある。この秀吉に平伏の礼をとってはもらえまいか」

と、辞を低くして頼み込んだ。家康は気軽にこれに応じた。

次の日、秀吉は平伏する家康を見下ろして、

「三河守《みかわのかみ》、上洛大儀であった」

と大声をあげた。

この場で、秀吉と家康の主従の立場が歴然となった。家康はともかく、並みいる諸大名の目にはそう映ったのであった。

# 徳川家康《とくがわいえやす》――〝目の上のたんこぶ〟が消えるまでの「たぬき寝入り」

天文《てんぶん》十一年（一五四二）、三河《みかわ》国岡崎城主松平広忠《ひろただ》の嫡男に生まれる。幼名竹千代。今川氏の人質となり、のち徳川を名乗り元信、元康、家康。征夷《せいい》大将軍、太政大臣。元和《げんな》二年（一六一六）没。諡《おくりな》東照宮。

## 家臣こそ我が名器

かつて秀吉が、

「貴殿がもつ名物に、如何なる物があるや」

と尋ねたとき、家康は、

「さしたる物はもちませぬが、わたしのためなれば水火をも厭《いと》わぬ武士どもを五百騎ほど秘蔵しております」

と答えたという。

家康の幼少は過酷なものであった。三歳で実母と引き裂かれ、六歳で今川義元《よしもと》の人質になり、父親からも離れて岡崎城から今川氏の駿河《するが》城に移った。しかもその途中で尾張《おわり》の織田信秀《のぶひで》に奪われて、信秀が死ぬまでの二年足らずの間であったが、織田の人質となるというハプニングもあった。その信秀の死にあたって人質交換で返されたが、それと前後して父松平広忠が病死し、岡崎の城は今川の管理下に入った。

家康が父の跡を受けて駿河《するが》城に入るとき、従っていたのは家人《かじん》二十八人、雑兵《ぞうひょう》が五十人ばかりという。この二十八人が、のちのち家康の旗本となり、辛苦《しんく》を共にした主君をよく盛り立てた。

今川方は岡崎領内の収益の総てを駿河城に集め、城内の蔵も空っぽにして駿河に運ばせた。家康にはわずかばかりの扶持《ふち》を与えたのみである。家臣たちは知行地こそ残されていたが、それだけでは食べていけない。百姓同然の身なりや農作業で、ようやく糊口《ここう》をしのいだ。

ひとたび戦いがはじまれば、今川は三河《みかわ》衆を表に立て、危険な箇所に追い立てる。そのくせ、恩賞などは一銭もなかった。

この逆境に、家臣たちはよく耐えた。日頃、町中を歩くとき、三河衆は駿河衆と見れば身をよけ、頭を下げ、這《は》いつくばるように機嫌を取ったという。おのれのためではない。ただひたすらに、

「何かしでかせば若君の大事となる」

と、我慢に我慢を重ねて、家康の成長を待った。この苦難が主人と家来の心を一体にし、他に類をみないほどの三河武士の忠節心を養った。

永禄三年（一五六〇）、織田信長と今川義元《よしもと》の対決する桶狭間《おけはざま》の戦いに先立って、今川方は前線基地である大高城に兵糧を入れるという難問を抱えた。そこは尾張に向かって突出しているための攻撃を受けやすい。が、尾張に突入するには最強の足がかりになる。今川方では誰も引き受け手がないので、弱冠十八歳の家康に押しつけた。その大役を、家康は見事に成し遂げたのである。「大高の兵糧入れ」といって、のちのちまでも語り継がれた壮挙であった。この大高城兵糧入れののちに起こった桶狭間の戦いで今川義元が討ち死に。家康はようやく独立する機会をつかんだのである。

## 国の将来のため、息子の死に目をつぶる

信長は松平信康《のぶやす》に嫁いだ愛娘徳姫《とくひめ》の手紙に目を疑った。

信康は家康の嫡男であり、その母築山殿《つきやまどの》と一緒に岡崎城にいた。信康と徳姫の婚姻は明らかに織田・徳川の同盟にともなう政略結婚ではあったが、仲睦まじいと信長も

聞かされていた。

その徳姫から、築山殿が信康を語らって甲州《こうしゅう》の武田に通じているという書状が、十二ヵ条の箇条書きにして送られてきたのである。

もともと築山殿は、今川義元の姪《めい》であり、義元亡き後の織田と徳川の同盟が許せない。溺愛《できあい》する息子信康と敵方の娘との甘い生活を目の前にして、母親らしい嫉妬心《しっとしん》に苛《さい》まれる。そのような心の隙に、武田方の間者《かんじゃ》が目をつけたものであろう。

しかし信長が、最初から娘の告発文を真《ま》に受けたわけでもない。「女子の焼き餅は扱いにくい」といいながらも、事の真実を確かめようとした。

たまたま家康の使いとして酒井忠次《ただつぐ》が安土《あづち》にやってきた。信長は徳姫の書状を示し、

「これは真実か」

と、一条々々指し示して問い質《ただ》した。無骨一辺《ぶこついっぺん》の忠次は巧《うま》くいいつくろうことができず、冷や汗を出して畏《かしこ》まるばかりだった。十条目まで来《き》たとき、信長は声を荒げ、

「もうよい。残り二ヵ条は問うまでもなし。信康に切腹させせよ」

と命じた。忠次の報告を受けた家康は、長い間沈黙をつづけた。家臣のなかには激昂《げきこう》し、

「直ちに信長を討つべし」

「徳姫を人質に籠城すべし」

などという者もあった。しかし、家康は静かに首を横に振った。

「我らはいま、前面に武田・北条など大敵を抱えている。いま後《うし》ろ盾《だて》の信長を敵に回すわけにはいかぬ。堪えよ」

かくて築山殿は殺され、信康は切腹を命じられた。

信康は家康自慢の子であった。武勇に勝《すぐ》れ、天正三年（一五七五）、武田勝頼《かつより》が駿《する》河《が》に侵入した際、十六歳の初陣《ういじん》でよく殿軍《しんがり》を務め、味方を守って名を挙げていた。心根も優しく、妾腹《しょうふく》の弟於義丸《おぎまる》（秀康）が父から疎《うと》んじられるのを見て父に意見したりもした。このたびの件では濡《ぬ》れ衣《ぎぬ》の疑いが強い。

息子をとるか、家臣ひいては国の行く末をとるか。家康は国をとったのである。

しかし、忠次に対するわだかまりはあったようだ。天正十八年（一五九〇）、家康の関東入国の際、徳川四天王といわれた井伊《いい》直政《なおまさ》・榊原康政《さかきばらやすまさ》・本多《ほんだ》忠勝《ただかつ》らはそれぞれ十万石以上を拝領したのに対し、筆頭である忠次は息子家次《いえつぐ》にわずか三万石の微禄だった。忠次が増禄を願い出ると、

「そなたでも息子は可愛いか」
と囁《ささや》いたとか。これには忠次も言葉がなかったという。

## 時の運に乗れるかどうかの見極め

天下統一を目前に織田信長が本能寺で討ち死にしたのが四十八歳、豊臣秀吉が賤《しず》ヶ岳《たけ》の戦いで覇権をほぼ手中にしたのが四十七歳、それに比べ家康が関ヶ原で天下人の座を獲得したのは五十八歳である。

家康が晩成の覇者であったことは、幼少時代の困苦や、忍耐強い性格もあったろうが、その置かれていた地理的条件も考えに入れなければならない。今川が滅んだのちも、周囲を甲斐《かい》の武田、関東の北条、越後《えちご》の上杉など強豪に囲まれている。うっかり領国を離れることができないのだ。

時の運ということもある。信長が本能寺に倒れたとき、秀吉は軍勢を抱えて中国戦線にいた。しかも、明智光秀からの毛利への密使を捕らえるという僥倖《ぎょうこう》さえつかんだ。このとき、家康はといえばわずかの家来を連れて京都・大坂を見物しており、事件を聞くや、ほうほうの体《てい》で間道《かんどう》の伊賀《いが》路越えをして舟で三河へ戻っている。光秀滅亡を聞いたのは尾張の鳴海《なるみ》でであった。天下の形勢は秀吉に流れ、これはもう止めることはできない。流れが変わるのは秀吉の死後である。

家康は、この時の流れの怖《こわ》さというものを十分理解していた。秀吉が天下を取って没するまでの十五年間、流れの行方《ゆくえ》をじっと見守っていた。

## 勝ってなお〝先を急がない〟という考え方

家康が秀吉の要請で居城を江戸に移したのが天正十八年。これは二人の間の約束であった。この年の春、豊臣・徳川の連合軍が北条の小田原城を攻め、その際、秀吉は、

「この城が落ちたら関八州を貴殿に進呈しよう」

といったのである。

徳川の家臣達が、秀吉が家康を遠い僻地に退けたと恨《うら》むのは当たらない。なんのしがらみもない新開の地に身を落ち着けて、次の政権を打ち立てる戦略を練るという腹づもりが、家康のなかにあった。この転封《てんぽう》は家康の方から望んだことである。もっとも、家臣達の不平不満を団結の糸口にしようという計算が家康にあったともいえる。

家康が江戸に移ってから二年目、文禄の役が起こった。西国の大名達は先を競《きそ》って

朝鮮半島に攻め入ったが、家康はわずかに秀吉に従って肥前名護屋《ひぜんなごや》（佐賀県）に出かけただけでお茶を濁している。家臣のひとりが、

「殿も朝鮮の地に渡られるおつもりですか」

と尋ねると家康は答えない。再三聞き返すと、

「何事ぞ、喧《やかま》しい。箱根を誰に守らせるつもりだ」

といった。足下をしっかり固めておくというのが家康の方針だった。

家康は先を急がない。慶長五年（一六〇〇）関ヶ原の戦いに勝利し、ようやく、時勢の流れを自分の方にたぐり寄せた。しかし、豊臣の息の根を止めるまでに、それからもおよそ十五年の歳月をかけている。その間、慶長八年に江戸幕府が開かれた。

徳川政権のあり方は、これまでの地方大名の集合体の上に政権があるのではなくて、徹底的な中央集権を狙《ねら》ったものだった。家臣を外様《とざま》と譜代《ふだい》に分け、関ヶ原の戦い後も譜代の恩賞は少なかった。幕府の直轄地五百万石、旗本知行地二百万石、そのくせ松平秀康《ひでやす》ら身内の封地は群を抜き、しかも関東周辺に集めた。部下の功労には知行を与えず、感謝状や太刀・茶器などですませた。

知行こそ少ないが、譜代《ふだい》は江戸城にあって政治の重要部分を任された。外様《とざま》は領地

は多かったが、政権の中枢に参画することはできなかった。政権運営から完全に外《はず》されたのである。家康はこれらの決定をほとんど一人でやってのけた。

「人の一生は重荷を背負って遠い道を行くようなものである。急ぐな。不自由がいつものことと思えば不満は起こらない。欲心が起こったら貧しいときを思い出せ。怒りは敵である。勝つことばかり知って負けることを知らないと災いが身に降りかかる。自分を責めて他人を責めるな。及ばぬは過ぎるに勝る」

これは家康の遺訓といわれている。

もう一つ付け加えるなら、七十四歳の生涯を終わるまで家康が心身ともに壮健であったことが、徳川三百年の幕府の基礎を築く上での重要な条件の一つであったろう。

「鳴かぬなら鳴くまで待とうホトトギス」の有名な戯《ざ》れ句《く》は、まさに家康のためにつくられたといえよう。

# 第五章

## トップに一目置かせた〝懐刀〟の巧みな生き方

# 山本勘助《やまもとかんすけ》

## あえて敵の女を迎え入れるしたたかさ

生年不詳。三河《みかわ》国牛窪（愛知県豊川市）の出と伝えられる。主君を求めて諸国浪々の末、甲斐《かい》の武田晴信に出仕、名軍師の名をほしいままにする。またの名を晴幸《はるゆき》。のち道鬼。永禄四年（一五六一）川中島で戦死。

### 異様な風体の戦国浪人

勘助は長い間、実在の人物かフィクションかで争われていた。それというのも、武田信玄（当時は晴信《はるのぶ》）に見いだされたのが五十一歳という高齢で、それまでの経歴が、それこそ講釈師の語りや物語本も交えてさまざまであり、なんとなく胡散《うさん》臭さを漂わせた結果であろう。しかし、近来、古文書類の発掘や解読が進んで、かなり実像がはっきりしてきた。

勘助の実在が疑われた原因の一つに、その風体が劇的に異様であったことにもあると思われる。隻眼《せきがん》で手足が不自由、しかもかなりの醜男《ぶおとこ》であったという。片目が潰《つぶ》れたのは、若いころ、イノシシと素手で闘ったときに受けた傷であり、手足がきかないのは、かつて剣客一門数十人を相手に決闘をし、二十余人に手傷を負わせたとき受けたダメージが因《いん》と伝えられる。

ともあれ、山本勘助の名を天下に知らしめたのは武田信玄であり、信玄なくしての山本勘助はあり得ない。もっとも、勘助が今川家への仕官を求めて、三河牛窪《みかわうしくぼ》の庵原《いおりばら》安房守の食客としてくすぶっていた間も、勘助の軍法家としての名は、広く知れ渡っていたようだ。二十歳代から諸国を流浪し、その間、軍法と築城術を修めたという。それだからこそ、武田の重臣小山田備中守《びっちゅうのかみ》の耳にも入り、信玄への推挙となったのだろう。

勘助は、この牛窪に実に九年間も居候を決め込んでいた。その間、庵原は何回か今川義元に推挙しているのだが、ついに抱えられることはなかった。見てくれが悪いうえに、浪人とはいえ、従者一人もっていないことが、義元をはじめ近臣たちの心証を悪くしていた。

「これは、今川家の家運が傾いて、武士の道もわからなくなっていたからだろう」と、甲州流軍学書ともいえる『甲陽軍鑑《こうようぐんかん》』は述べている。

## 強硬な反対意見もやり込める慧眼《けいがん》

今川義元の優柔不断《ゆうじゅうふだん》に対して武田信玄の決断は素早《すばや》い。勘助に関する情報を直ちに集め、百貫の知行で召し抱えることを決めた。そのうえ、

「小者の一人ももたないくせに百貫とは」

と譜代の者が妬《ねた》むのを見越して、板垣信形《のぶかた》に馬・弓・槍・小袖に小者までつけて、勘助を迎えに行くように命じている。しかも、対面が終わると、その場で百貫を加増し、足軽大将として取り立てた。

天文《てんぶん》十二年（一五四三）三月のことである。

そのころ、信玄は近隣の諸国切り取りに力を注いでいた。勘助は数々の戦いに臨み、信玄の期待に応えた。とくに城攻め・陣取りの兵法に長《た》け、たちまちのうちに信濃の九城を陥れる戦功を挙げた。

それればかりではない。先を読む目も他の及ばぬものがあった。

天文十一年、信玄は父信虎《のぶとら》の女婿で諏訪神社の大祝《おおほうり》（神官の長）諏訪頼重《すわよりしげ》を攻め、自刃に追いやっていた。信玄は頼重の十四歳になる娘にご執心だった。娘を側室に迎

えたいという信玄の意向に、家臣たちは挙《こぞ》って反対した。

「それは、なりませぬ。お館様が死に追いやった者の娘御をお迎えになるなど、人の道に外《はず》れたことにございます」

「そのような者をご寝所にお入れになっては、いつ寝首を掻かれるやもしれませぬ」

それを聞いた勘助は、こう進言した。

「なるほど、それは一理にございましょう。しかしそれは、お館《やかた》様のご威光に翳《かげ》りがありますときのこと。お館様にはご威光輝かしく、ご長命であらせられれば、必ずや天下無双の名将と仰がれる方にございます。

諏訪家の親族や家臣の者どもも、そのようなお館様に弓を引くような企ては、よもやいたしますまい。その女性を側室に迎えられて、男子誕生の折りには諏訪《すわ》家を立てることと相なれば、諏訪の家臣どもも進んでお館様に仕え、武田家譜代の衆にも増して忠勤を励むことでございましょう」

信玄はもとより、強硬に反対を唱えていた重臣たちも、勘助の言葉に納得した。

こうして迎えられたのが諏訪御寮人《ごりょうにん》である。その子四郎勝頼《かつより》がのちに武田家を背負って立つことになる。

## 〝地の利〟を徹底的に利用

勘助のたてた数々の戦功のうち、最も人々の記憶に残るのは戸石城《といしじょう》の合戦であろう。天文十九年秋、信玄は北信濃の戸石城を攻めた。これを知った村上義清《よしきよ》が背後から襲いかかった。武田方の本隊は城攻めに前進し、信玄を取り巻く旗本ははなはだ手薄であった。そこを一挙に攻め込まれ、本陣は浮き足立った。押さえの大将甘利備前守《あまりびぜんのかみ》、旗本足軽大将横田備中守《びっちゅうのかみ》が戦死、信玄自身の身にも危険が迫っていた。

「敵の主力を南に向ければ、道も開けましょう」

と勘助が主張した。

「崩れ立って味方ですら下知《げち》が行き渡らぬというに、どうやって敵に南に向かうよう下知することができる」

信玄は苛立《いらだ》っていった。

「後ろ備えの諸角豊後《もろずみぶんご》様の手勢を五十騎ほどお貸しくださり、あとはこの勘助めにお任せください」

このころ、勘助は軍議の場ではすでに頭角を現わしていたが、手持ちの足軽わずか二十余人の足軽大将に過ぎなかった。しかし、いまは勘助の助言をどうのこうのいっている余裕はなく、信玄は勘助にいっさいを任せた。

勘助は諸角衆を率いて五丁（約二〇キロ）ほど道を行ったところで、これ見よがしに陣を張った。村上軍は兵をまとめ、山の切れあいを越えてそこへかかろうとしたがうまくいかず、軍勢は自然に南側に向かってしまった。勘助の地形を巧みに利用した戦法であった。

この間に、武田の旗本は素早く備えを立て直し、攻撃に転じた。間一髪の危機回避であった。人々は勘助のこの働きを賞賛し、

「摩利支天《まりしてん》（武士の守り本尊）の化身《けしん》のようだ」

と、いったという。

この働きで、勘助は五百貫の加増で七百貫、足軽五十人を加えて七十五人持ちの足軽大将になった。その後も戦功を挙げるたびごとに加増の話があったが、

「ご譜代を差し置いての、これ以上のご加増は無用にございます」

といって受けなかった。

## 空振りに終わった〝啄木鳥《きつつき》の戦法〟

永禄《えいろく》四年（一五六一）八月下旬、信玄は越後《えちご》の上杉謙信と川中島に対峙《たいじ》した。実に四回目の対陣である。

川中島とは、北アルプス山系から流れ落ちる犀《さい》川と、秩父《ちちぶ》山系を発する千曲《ちくま》川との合流点をいう。上杉勢一万三千が千曲川を渡って川中島東南の妻女山《さいじょ》に陣を敷き、武田勢二万は高坂弾正《こうさかだんじょう》が守る海津《かいづ》城（松代）に拠《よ》って睨《にら》みあった。妻女山は海津城のすぐ南に位置し、城を見下ろして圧迫感を与えていた。双方なかなか動かず、戦線は硬直状態に陥っていた。

しびれを切らしたのは信玄ある。

「どうにかならぬか」

九月九日、信玄を囲んで作戦会議が開かれた。

「これは一つ、啄木鳥《きつつき》の戦法でいくのが得策かと存じます」

と、勘助が提案した。

「啄木鳥の戦法とは？」

「さよう。啄木鳥は木穴から虫を誘い出すに、穴の裏側の幹をつついて脅《おど》かし、虫を追い出します。されば、我が軍を二手に分け、一隊を妻女山に向けて上杉軍を追い立て、本隊は川中島に陣を置いて、退いてくる敵を待ちうけ、一挙に搦《から》め取る戦法にございます」

勘助のこの策が直ちに採用され、夜を待って、武田軍は密《ひそ》かに動き出した。

しかし、この武田方の作戦を、すでに見破っていた者がいた。上杉謙信である。戦術に優れた者には、運気が読めるという。敵陣の上に立ち上る雰囲気を見て取って、相手の動きを推量するのだ。妻女山から海津城を望見し、武田の作戦を読み取ったのであろうか。

上杉軍は武田の別働隊が襲撃する前に妻女山の陣営を捨て、これも粛々《しゆくしゆく》と千曲川を渡った。

「鞭声粛々夜河《べんせいしゆくしゆくやが》を渡る……」

頼山陽《らいさんよう》が詠《えい》じた朗吟《ろうぎん》の名場面である。

武田軍本隊が、川中島の八幡原《はちまんぱら》に到着したとき、上杉軍の前衛はすでに雨宮の渡しを渡って八幡原に忍び寄っていた。

翌十日の払暁《ふつぎよう》、突如上杉軍が、武田軍に襲いかかったのである。信玄、いや山本勘助は、完全に裏をかかれた。陣を立てる暇《いとま》もあらばこそ、まだ薄暗い朝霧のなか、敵味方入り乱れての白兵《はくへい》戦となった。このような戦いの場合、機先を制して勢いに乗った方が有利である。混戦のなかで、信玄の弟典厩信繁《てんきゆうのぶしげ》をはじめ諸角豊後《もろずみぶんご》など多くの侍《さむらい》大将が討ち死にした。

勘助は自分の作戦の失敗に唇《くちびる》を噛んだ。あとは、空振りに終わった別働隊の到着を待つしかない。それまでは、なんとしても旗本をもちこたえなければならない。勘助は槍を振りかざして敵陣に斬り込み、鉄砲の弾を受けて倒れた。

武田方が総崩れになる寸前、妻女山に向かった別働隊が上杉軍の背後から襲いかかり、最終的には武田方が川中島を制したのである。

この戦いで、信玄と謙信の一騎打ちが世に広く知られているが、それはなかったであろうというのが、歴史研究者の一般的見方である。なんとなれば、一方の総大将が、味方の先陣をきって斬り込むなど、あり得ないからだという。

## 太田《おおた》道灌《どうかん》

### 従来の考えを、「逆転の発想」でとらえる感覚

永享《えいきょう》四年（一四三二）生。扇谷上杉氏の家宰《かさい》太田資清《すけきよ》の子。幼名鶴千代、のち持資、資長。剃髪して道灌。江戸城を築く。上杉定正《さだまさ》の執事《しつじ》として関東での主家発展に尽くすが、文明十八年（一四八六）定正に謀殺される。

### 屁理屈に見える才知

七重八重花は咲けども山吹の　実の(蓑《みの》)一つだになきぞ悲しき

山里でにわか雨に遭った若き日の道灌が、とある貧しげな農家に蓑の借用を申し出て、出てきた娘にひと折りの山吹の花を差し出され、その意味がわからずに怒って帰った。のち、人からそれは有名な古歌（『後拾遺集《ごしゅういしゅう》』）に託して、蓑のないことを告げられたのだと教えられ、自分の無学を大いに恥じ、以後勉学にいそしんだ……。という逸話は、道灌を語る場合、誰しも真っ先に頭に浮かぶ。それほど有名で、昔から語り伝えられ、絵にもなっているこの情景だが、あくまで物語に過ぎない。

道灌は三、四歳のころから、きりっとした面立《おもだ》ちで容姿振る舞い人に優れ、際立っ

て見えたという。九歳で鎌倉五山（建長寺《けんちょう》か）の学校に入って勉学にいそしみ、十一歳で家に戻った。

道灌十五歳のとき、父資清《すけきよ》は息子のあまりに才気走ったのを心配して、

「昔から、知恵のある者はとかく偽《いつわ》りに走りやすいという。偽り多ければ必ず禍《わざわい》を招く。人は正直であらねばならぬ。たとえていえば障子のようなものだ。真っ直ぐなら立つ。曲がっていれば立たぬ」

と諭《さと》した。すると道灌はすっくと立って行って、隣の部屋から屏風をもち出し、

「この屏風は真っ直ぐでは立ちませぬ。曲げれば立ちまする。これはどういうことにございましょうか」

と尋ねたので、資清は黙って部屋を出て行ってしまったという。

また、ある日、資清は、

「驕者不久《きょうしゃふきゅう》（驕《おご》れる者久しからず）」

という書を床の間に掛けて道灌を呼んだ。

「この書のいわんとするところはわかるな！」

と、父がいうと、道灌は、

「心得ました。つきましては、私にもう一字付け足させていただきたく存じます」

と答えた。

「よかろう。やってみよ」との父の許しを得ると、道灌は四字の脇に、

「不驕又不久（驕らずとも又久しからず）」

の五字を黒々と大書した。

さすがにこのたびは資清も怒り心頭《しんとう》に発し、思わず手にした扇子《せんす》を振り上げた。しかし、そのときはすでに、道灌は飛んで逃げて姿を消していたという。

## 古歌に戦術のヒントを探る独特の感性

道灌は二十四歳で家督を継いだが、このころの政情は混乱を極めていた。とくに関東では、関東公方《くぼう》、のちの古河公方《こがくぼう》足利氏と管領《かんれい》上杉氏の対立がつづいて戦乱が絶えなかった。さらに上杉氏本家の山内上杉と扇谷上杉の確執《かくしつ》があり、それらを巡って大小国人たちがあちらに付いたりこちらに寝返ったりと、複雑そのものだった。

そのなかで、道灌の活躍によって扇谷氏が一頭地《いっとうち》を抜くことになる。

その道灌の戦略は、しばしば古歌と結びつけて語られる。道灌が文武両道に優れて

いたという証《あかし》だろうか。

道灌の主君扇谷上杉定正が上総《かずさ》の斗南城《となみ》（千葉県長生郡《ちようせい》）を夜攻めにしたときのエピソードがある。

斗南城を攻めるには山際の岸を行く道と海端を進む方法がある。岸を行くと、満潮のときには山の上から石弓を仕掛けられても逃げ場がない。定正は干潮を待って、遠浅の海縁を行くことにした。もっとも、現在の斗南は考えられぬほど内陸だ。

「誰か潮の満ち干を見て参れ」との下知《げち》に、

「心得たり」と、道灌は出て行ったが、すぐに戻ってきた。

「潮は引いております」

との返事に、定正は怒って、

「その場に行かぬに、なぜわかる」

と、怒鳴《どな》った。道灌は落ち着いて、

「古歌に、『遠くなり近く鳴海《なるみ》の浜千鳥、泣く音に潮の満ち干《みひ》をぞ知る』というのがあります。いま、千鳥が遠く鳴くのが聞こえますので、潮は引いたものと心得ます」

と、答えた。果たして潮は遠く引いており、上杉軍はやすやすと軍を進めることができた。

## 「道灌かがり」――後世に語り継がれる築城術

道灌はまた、築城家としても知られていた。父資清とともに、武蔵《むさし》の川越城・岩槻《いわつき》城・鉢形《はちがた》城など九つの城を手がけ、そのいずれも名城といわれた。なかでも江戸城は、のちに江戸幕府の居城になるほど、位置といい、築城術といい、優れたものであった。

城は江戸湾の入り江と海岸一帯の高低差を利用した平城で、城の足下まで海が迫り、蘆《あし》の茂みに立って見えた。公方《くぼう》方である国府台《こうのだい》（千葉県市川市）に拠点をもつ千葉氏が、海からの攻撃に備えたものという。

城内は子城・中城・外城の三つの郭《くるわ》に分け、二十から二十五の石門を設けた。それぞれの郭は独立させて間に深い濠を掘り、跳ね橋でつないだ。城中には大干魃《かんばつ》でも涸《か》れない井戸が五、六個穿《うが》たれていた。この築城法を「道灌かがり」といい、後世の城造りの手本となった。

郭と郭の間は強弓なら届く距離にあり、そのために城内に弓場をつくって、毎日数百人の旗本が弓の稽古に励んでいた。

その勤めぶりを上中下に分け、怠ける者からは罰金を取って、それを貯めて稽古後の茶菓の費用とした。道灌自身、月に二、三回は軍事訓練に参加して、自ら鉦《かね》を打ち鳴らし、士卒を鼓舞した。その軍律は甚だ厳格であったという。こうして関東一の精鋭は鍛えられた。

わが庵は松原つづき海近く　富士の高嶺《たかね》を軒端《のきば》にぞ見る

道灌が上洛して将軍足利義政《よしまさ》に謁《えつ》したとき、義政の問いに答えて詠《よ》んだと伝えられているが、情景の美しさもさることながら、道灌の高揚した気持ちが見て取れる。

## 有り余る能力が仇となる

道灌が幼いころ、父資清は道灌のほとばしる才気を危ぶんだが、その恐れは現実のものとなった。

道灌が執政《しっせい》になったことで、扇谷上杉の勢力は他に抜きんでた。当然、本家である山内上杉氏はおもしろくない。

「道灌がいるかぎり、扇谷を押さえることはできない」

山内の当主顕定《あきさだ》は考えた。機会を待つうち、扇谷の定正が道灌の力と評判を妬《ねた》んでいることをつかんだ。顕定は定正に悪魔の囁《ささや》きを吹き込む。

「道灌が江戸城と川越城を修築し、われらの呼びかけにも応じぬのは、謀反《むほん》を企てているからに違いない。奴《やつ》を亡きものにせねば、この先、上杉の禍根《かこん》となろう」

定正は簡単にその誘いに乗り、道灌がたびたびの動員に動かず、あまつさえ自分を裏切ろうとしていると糾弾《きゅうだん》する書を道灌に送った。

文明十八年（一四八六）七月、道灌は、釈明のため、相模国糟屋《かすや》の定正の館に赴いた。道灌が江戸城に籠もって動かなかったのは戦略上の問題であり、まだ動くべき時期ではないと判断したからだ。そのことは、そのたびごとに定正にはいってきたはずである。しかし、一度疑いを抱いた定正には、何も耳に入らなかった。

道灌は定正の屋敷のなかで謀殺された。一説では、風呂場で定正の家臣に斬り殺されたという。

「当方滅亡」

と、最後に叫んだと伝えられている。

道灌の予言どおり、この後両上杉家の勢いは急速に衰え、扇谷上杉は滅亡、山内上杉も長尾景虎《かげとら》を頼って越後へ逃れる結果になった。

# 小早川隆景《こばやかわたかかげ》——「謀られたとしても、約束は守る」という信念

天文《てんぶん》二年（一五三三）生まれ。毛利元就《もうりもとなり》の三男。幼名徳寿丸。小早川の養子となり水軍を統括。兄吉川元春《きっかわもとはる》とともに「毛利の両川」といわれ、よく毛利家を助ける。豊臣五大老の一人。慶長二年（一五九七）没。

## 「盟約は重し」

騙《だま》しつ騙されつの戦国時代、小早川隆景ほど「大人物」の名を恣《ほしいまま》にした武将はいない。戦えば果敢、謀《はか》っては熟慮洞察《じゅくりょどうさつ》、約しては誠実。豊臣秀吉は隆景を評して、

「平重盛《たいらのしげもり》は我が国の聖人といわれているが、おそらく隆景には及ぶまい」

と、いったという。

この言葉と直接関係があるわけではないが、秀吉が最初に隆景の人柄に触れたのは、天正十年（一五八二）の中国攻めのときである。

この年五月、秀吉は織田信長の命を受け、備中《びっちゅう》高松城を囲み、堀の周囲に堤防を築いて水攻めにしていた。折からの梅雨もあって水位はたちまち上がり、城は池に浮か

んだ箱船のようになっている。城内の食料はとうに底をついていた。毛利方は備中・美作《みまさか》・伯耆《ほうき》三国と城兵の命の交換を申し出た。秀吉は、三国と城主清水宗治《むねはる》の首を所望して譲らなかった。宗治の申し出もあり、毛利側は涙ながらにこの条件を呑《の》んだ。

六月四日、宗治は秀吉から贈られた舟に乗って、見事腹を切った。実はその前々日の二日に、織田信長が本能寺で自刃して果てていた。宗治の最後を見届けると、秀吉は城の堤を切るよう命じ、直ちに姫路にとって返し、京へ上った。いわゆる秀吉の「大返し」である。

毛利側がこのことを知ったのは五日であった。

「おのれ秀吉め、我らを謀《はか》ったな。急ぎあとを追い殲滅《せんめつ》せん」

総大将輝元をはじめ、毛利の諸将はいきり立った。

それを、隆景は押しとどめた。

「武士が一度交わした誓約を軽々しく破るものではない。それに、戦国の世も百年あまり、ここにきて天下の乱れも収まる方向に思える。太平の世となるのもさほど遠くではあるまい。となれば、誰がその天下を握るかだが、私は秀吉だと思う。いま秀吉との盟約を破れば、毛利は天下を相手に戦いをつづけねばなるまい。一時の激情に流されて、方向を見誤ってはならない」

聞く者一同、常に先を読むことに秀でた隆景の言い分を、もっともと受け取った。輝元は祖父の遺言で、両叔父（吉川元春と隆景）のいうところをよく聞けと言われている。毛利軍は隆景の進言を入れ、兵を収めた。

## さりげなく自分の名を捨てる

その後、毛利家の大番頭小早川隆景《たかかげ》は、豊臣政権での参謀とも目《もく》された。備中高松城の一件で、隆景は秀吉の絶大の信頼を得ていた。数々の戦線で手柄をたて、小早川はもとより、毛利の立場を絶対揺るぎないものにした。

天正十五年（一五八七）の島津征伐の勲功《くんこう》で筑前《ちくぜん》と筑後《ちくご》・肥後《ひご》の内二郡を賜わり、筑前の名島《なじま》城を本拠とした。

ところで、毛利の本家輝元には子がなかった。

小早川の隣国豊前《ぶぜん》には、秀吉の懐刀の黒田孝高《よしたか》がいた。優れた戦術家であったが謀将であり、油断がならないところがあった。

ある日、孝高の意を受けて讃岐《さぬき》の生駒親正《いこまちかまさ》が隆景を訪れた。

「豊臣のお世継ぎお拾《ひろい》様のご誕生、大変喜ばしいことであるが」

といいながら、親正は顔をしかめてみせた。

「関白殿下には、すでにご養子羽柴秀俊《ひでとし》殿がおいでになる。このことが、のちのちの禍根《かこん》とならねばよいが、というのが黒田殿のご心痛である」

親正が語るのを、隆景は内心怪しみながら聞いた。

秀俊は秀吉夫人北政所《きたのまんどころ》の甥《おい》である。

「ところで、ご本家毛利輝元殿にはお子がおいでにならなかったな。如何であろう、秀俊殿をご養子にお迎えになられては」

こうきたか……というのが隆景の思いだった。しかし、顔にも出さず、

「有り難きお心遣いでござる。一族でさっそく協議いたし、ご返事申し上げましょう」

と、ひとまず返事をし、親正を送り出した。

そのうえで、隆景は素早く動いた。毛利本家を秀俊などに相続させられぬ。

使者の親正が立ち去るのを見届けると、隆景は急いで秀吉の侍医施薬院全宗《せやくいんぜんそう》の門を叩いた。そして、あくまで世間話のようになにげなく、

「関白殿下のご養子羽柴秀俊殿を、この小早川に頂戴できるとよいが」

と、語った。あまり唐突《とうとつ》のことに驚く全宗に、

「他意はござらぬ。ただこの隆景も老い申した。もはや殿下へのご報恩も尽くしかねます。このうえは、殿下のお血筋を迎えて、この身は中国のいずれかに老後を養う隠居地を賜れば、この上ない光栄と存ずるまで」

と、つづけた。本心は小早川家に秀俊を迎えて毛利本家を救うつもりなのだ。

全宗の口から、すぐそのことは秀吉の耳に入った。秀吉はたいそう喜んだ。実は秀俊の処遇は秀吉も悩みの種だった。秀吉は黒田の画策をまだ知らない。隆景が全宗を頼んだのは、話の伝達が侍医からのがいちばん早いと踏んだからだ。

秀俊養子の件はすんなりと決まった。毛利一門はこのことに胸をなで下ろした。毛利本家は毛利の血筋の者に限るのが暗黙の了解だった。他家から養子を迎えることなど、考えもしなかった。他の血が入れば一族の崩壊につながりかねない。もし、秀俊養子が実現すれば、一戦をも辞さなかったとの強硬論もあとから出ていた。

黒田がどういう考えで毛利家養子の件をすすめたかは、よくわからない。養子問題に悩む秀吉への追従であったか、単に両家によかれとしたことか。

このとき、隆景はすでに末弟《ばってい》の秀包《ひでかね》を養子に迎え、筑後《ちくご》三郡を与えて久留米《くるめ》城に入れていた。これを独立させての秀俊の養子縁組であった。

秀俊は秀秋と名を改め、のちに金吾《きんご》中納言と呼ばれる。秀秋は関ヶ原の戦いで西軍を裏切り備前《びぜん》・備中《びっちゅう》・美作《みまさか》五十万石を得たが、豊臣家の裏切り者として小早川の名を貶《おとし》めた。嗣子《しし》がなく、小早川家は改易になった。

明敏な隆景は、秀秋の才気走った脆《もろ》さをすでに見抜いていたに違いない。しかし、事の成り行きは、毛利を守るためには、おのれを犠牲にするしかないところへきていた。黒田が目論《もくろ》んだ養子話が表に出て、それを毛利が断わったとなれば、秀吉の怒りを買うことは、火を見るよりも明らかであった。

隆景は秀秋を名島城に迎えると、備後三原にわずかな所領を得、以後、政治向きにはいっさい口を挟《はさ》まなかった。

# 本多《ほんだ》正信《まさのぶ》――トップの頭脳さえ〝肩代わり〟できる大きな器量

天文《てんぶん》七年（一五三八）、三河《みかわ》生まれ。本多氏の庶流俊正《しょりゅうとしまさ》の二男。初名弥八郎。幼少より家康に仕え、一時、三河一揆《いっき》に荷担して禄を離れる。生涯二万二千石の小禄で側近を勤めた。元和《げんな》二年（一六一六）没。

## 家康の危急を救ったデマ

本多家は祖父の代から徳川家の鷹匠《たかじょう》を勤めたというがはっきりしない。ただ放鷹《ほうよう》の腕は大したもので、鷹狩りの好きな家康のそば近くに常に仕え、いつのまにか二人の間に「あうん」の呼吸で通じるものがつくり上げられていったものと思われる。

とはいえ、そこに至るまでの道筋は平坦ではない。永禄《えいろく》六年（一五六三）三河一向一揆が起こり、正信は一揆に身を投じ、お家を出奔《しゅつぽん》してしまった。二十六歳のときである。帰参が許されたのは本能寺の変のあった天正《てんしょう》十年（一五八二）であった。

このころ、正信は加賀にあって、相変わらず一向一揆に関係していた。正信の才能を早くから買っていた家康の側近安藤直次《なおつぐ》が、正信の呼び戻しを強く勧《すす》めた。家康がそれを聞き入れ、召還状を出したのが、信長に招かれて京都にいたときだった。その後、家康は大坂見物などして泉州堺《せんしゅうさかい》にいたが、そのとき、本能寺の変が起こった。家康はわずかの供廻《ともまわり》か連れていない。光秀はいち早く京都周辺の道路を封鎖し、諸将の出入りに監視の目を注いでいた。

このとき、正信は大津の宿まで来ていた。家康主従は鈴鹿《すずか》峠を越えようと、ひたすら東に向かって逃げた。しかし途中、宇治川の宇治田原で暴徒に襲われ、同行の元武田家臣の穴山梅雪《あなやまばいせつ》が殺された。家康一行はようやく難を逃れ、全く情報もなくわからぬまま逃避行をつづける。

そこへ駆けつけたのが、正信であった。正信は、かねてから懇意にしていた宇治田原の国衆《くにしゅう》上林政重《まさしげ》を頼んで、密かに間道《かんどう》を手配していた。そのうえで家康に拝謁を願い、許されて帰参がかなった。

「明智の手が回り、鈴鹿越えは危険とのことです。迂回《うかい》して木津川を渡り、伊賀越えをするのが賢明かと存じます」

と正信はいい、一行は上林の手引きで木津川南岸を回って近江に入り、多羅《たら》尾の国衆光俊《みつとし》の館《やかた》に入った。正信は万事を見届けると木津川に戻って、上流下流にあらかじ

め潜めておいた百人ばかりの土民に命じ、一斉に篝火《かがりび》を焚《た》かせた。そして、

「徳川殿が間もなくここを通られるはずじゃ」

とのデマを流した。それで明智方の守備の兵も待ちかまえて動かず、その間に家康は迎えに出た伊賀・甲賀《こうか》の兵に守られて、なんなく伊賀道を越えて伊勢に出た。

九死に一生を得た家康は、正信へ絶大な信頼をおくようになった。

## 主君の〝心のヒダ〟まで掴みきる

慶長《けいちょう》三年（一五九八）秀吉が死去すると、豊臣家家臣の武断派と文治派の対立は激しくなった。とくに文治派の筆頭と目《もく》された石田三成に対する武断派の憎しみは頂点に達し、加藤清正《きよまさ》・福島正則《まさのり》ら七人の武将たちが謀議して、三成を殺そうとした。

これを知った三成はこともあろうに家康の伏見の屋敷に逃げ込んだ。日ごろ三成は家康に敵意を示していたのだから、当然のように家康の家臣たちは、

「どの面《つら》下げてここへやってきた」「これこそ天の采配だ。奴《やつ》を打ち殺せ」

など、口々に罵《ののし》った。

その夜亥《い》の刻《こく》半（十一時）ころ、正信が家康のところへやってきていった。

「治部《じぶ》（三成）がこと、どの様にお考えでしょう」

「いま、思案《しあん》しておったところじゃ」

「さてさて安堵《あんど》つかまつった。大殿がご思案とあれば、正信申し上げることはございません。お暇《いとま》つかまつります」

これだけではいったい何のことかわからない。禅《ぜん》問答にもならない。しかし、主従の間には、相手の心の中が読めている。明くる日、家康は大坂に使いをやり、清正らと三成の間を取りもった。正信緊急の出仕《しゅっし》は、家康の決断を確認するためであった。

いま三成を殺すより、生かしておいてのちに挙兵したときに倒せば、反徳川勢力を一掃できる。そのほうが得策だというのが、二人の共通した狙《ねら》いだった。そしてその目論見《もくろみ》どおり、やがて三成は関ヶ原の戦いで滅び去る。

さて、関ヶ原の戦いののちの話である。

三成の子が、京都妙心寺《みょうしんじ》の塔頭《たっちゅう》に幼いころから預けられていた。正信は、「赦免《しゃめん》されるべきです」と進言する。「三成は当家に対し功績を残したわけですから、その子の坊主一人や二人の命を助けたとて、何の障《さわ》りにもなりません」

「三成が我が家に功績だと？」

いぶかる家康に向かい、

「さればです。三成がこのたびの関ヶ原のようなことを企てねば、ご勝利もなく、このように早く天下をお治めになる機会も訪れますまい。さすれば、三成は当家にとって大忠を働きし者といえましょう」

という。家康は、「おかしないい方もできるものよ」と笑い、三成の子を放免した。実は家康も、その子を処罰するつもりはなかった。ただ、一言の後押しが欲しかったのだ。

## 家康さえ一目置かざるを得なかった老臣の技

あるとき、家康が近従のひとりを叱りつけていた。ちょうど入ってきた正信に気づかぬほど腹を立て、口から泡《あわ》を飛ばして言葉にならない。ようやく訳《わけ》を聞き出した正信は、「ごもっとも」というやいなや、いきなり近従に向かい、

「おのれ、何というふつつか者だ」

と罵《ののし》りだした。正信は家康さえも一目置いている老臣なので、近従はかしこまって畳に這《は》いつくばった。正信の叱り方があまりに激しいので、家康は黙ってしまった。

それでも正信の叱責《しっせき》はつづく。

「ただお叱りを受けたと思うなよ。これは大殿のご教訓なのだ。おのれを一人前に使われようとするお慈悲なのだ。おのれがそこいらに転がる縁無き者なら、これ程のお叱りはあるまい。おのれの父の合戦での武功、祖父の城攻めの殊勲など、大殿は決してお忘れになってはおらぬ。さすれば、より励めよとのお諭《さと》しと思え」

といい、そこでいったん言葉を切り、語気をゆるめて、

「もはや御意《ぎょい》を違《たが》えしことに気後《きおく》れするでない。これよりいっそうご奉公に励め。怒れば気が立って喉《のど》が渇くものだ。大殿に茶を点じて差し上げよ」

と命じた。近従がいれてきた茶を家康が受け取ると、正信はさらに、

「今日よりはいよいよ念を入れて勤めよ。気兼ねするでない。大殿もそのように思《おぼ》し召しのはず」

との言葉に、家康も口を挟《はさ》む余地がない。このように、ただ叱るだけでなく、その後のフォローを忘れないのが正信のやり方であった。

# 山中鹿之介《やまなかしかのすけ》

## 何度負けても、負けを認めない執念

天文《てんぶん》十四年（一五四五）、出雲月山《いずもがっさん》の麓、新宮谷に生まれる。尼子《あまこ》氏と同族の家臣満幸《みつゆき》の二男。幼名甚次郎、本名幸盛《ゆきもり》。尼子氏滅亡後、主家の再興に腐心、いったんは成功するが、のち、敗れて天正六年（一五七八）斬死。

### 虚実入り混じる悲劇の将

山中鹿之介といえば、半月の前立てに鹿の角《つの》をつけた兜《かぶと》をかぶり、赤糸縅《あかいとおどし》の鎧を着て、山の端にかかる三日月を拝んでいる武者姿の錦絵や絵本を思い出す人も少なくなかろう。添え書きには「我《われ》に七難八苦を与えたまえ」とある。

鹿之介といえば、知将というよりは、お家再興に賭《か》けた苦心談と執念《しゅうねん》で有名である。悲劇の勇将として、判官贔屓《ほうがんびいき》の江戸時代庶民の琴線《きんせん》に触れ、名を残したともいえる。同じような境遇の「真田《さなだ》十勇士」と並べて「尼子十勇士」というのもある。どちらも、一人二人を除いて、その実在が確認できない名が多い。ただし「尼子十勇士」のなかで、鹿之介の名がない資料は存在しない。おそらく他の九人は鹿之介の活躍を際《きわ》立《だ》たせるための脇役だったのだろう。

このように人気者になってしまったお陰で、伝えられるエピソードというのも、いささか常軌《じょうき》を逸したものがある。

たとえば、鹿角の兜だが、これは病弱の兄幸高《ゆきたか》が鹿之介十六歳の元服の折、家重代《じゅうだい》のものを贈ったとされている。その鹿の角の高さがなんと六尺（二メートル弱）というのだから驚く、というよりは呆《あき》れる。第一、二メートルもの角をもった鹿など、日本にはおるまい。鹿之介自身、六尺の大男とされているが、自分と同じ丈の角がついた兜では、戦場は走り回れない。

鹿之介は常に立派な顎髭《あごひげ》・頬髭《ほおひげ》を蓄えていたが、死後、その髭を盗んだ者が、それで障子紙を刺してみたら、まるで鍼《はり》で突き刺すような穴が開いたというのも、その類《たぐい》であろう。

永禄八年（一五六五）、富田月山城《とだがつさん》の攻防での棫木狼之助勝盛《たらのきかつもり》との一騎打ちも、鹿之介ファンには血湧き肉躍る一齣《ひとこま》だ。そもそも狼之助は本名が品川大膳亮といったのを、鹿之介に対抗するため、わざわざ名を変えたというのである。

「春になれば鹿の角は落ちる。それは棫の新芽を食するからだ。狼は鹿より強かろう。

勝盛は勝ちを盛り上げる」

狼之介が豪語したというが、名は体を表わすと信じられていた時代とはいえ、これはちょっと滑稽味がある。もちろん、対戦は鹿之介に軍配が挙がるのだが、そのようなことがまことしやかに語られるほど、鹿之介の人気は高い。

## 重なる試練に徹底して抗う豪胆さ

鹿之介の山中氏は、玄祖父幸久《ゆきひさ》が尼子氏から出ている。したがって尼子氏の滅亡は、鹿之介にとって身を切られる思いであった。毛利の大軍に攻められて富田月山城が落ちたのは永禄九年十一月、鹿之介二十二歳のときである。

城主尼子義久は毛利の手に捕らえられ安芸《あき》吉田に送られた。このあと鹿之介は流浪《るろう》の旅に出た。巡礼に姿を変え、東国へ出て武田・上杉・北条などの様子を窺《うかが》い、越前《えちぜん》の朝倉氏領内なども見て歩いた。のちに助力を求める相手を見定めていたのかもしれない。

永禄十一年、毛利氏は豊後《ぶんご》の大友宗麟《おおともそうりん》と戦って九州に渡った。主力が本国安芸を空にしているときが、旧地奪還のチャンスと鹿之介の目には映った。鹿之介は立原久綱《たちはらひさつな》らを誘い、京都東福寺の僧となっている故尼子誠久の子を立てて勝久《かつひさ》を名乗らせ、尼子氏再興をはかった。誠久は父の代から新宮党といわれ尼子氏の中枢にいたが、元就の謀略に乗せられた従兄弟で当主の晴久《はるひさ》に一族皆殺しにあった。かろうじて難を逃れたのは長子の氏久《うじひさ》と、寺に入っていた四男の勝久である。

この蜂起《ほうき》はひとまず成功した。勝久を奉じた鹿之介らは大友氏と連絡をとり、毛利を挟《はさ》み撃ちにする作戦を立てた。そのうえで、いったん隠岐《おき》島に渡り、島根半島の千《ち》酌《くみ》湾に上陸、出雲《いずも》・伯耆《ほうき》に逼塞《ひっそく》する元尼子勢に動員をかけた。たちまち三千人からの兵力が集まった。尼子勢は松江の新山城を落とし、次いで富田月山城に迫った。

ここで、なんとしても富田月山城を落としておくべきだった。しかし、城将天野隆重《たかしげ》の抵抗が思いのほか粘り強く、尼子方は作戦を変え、周辺地区の制圧と民心の収攬《しゅうらん》に努めた。

その間に毛利氏は素早く大友との講和を果たし、二万五千の大軍で一挙に富田南部に押し寄せた。これが老獪《ろうかい》な元就と、若い鹿之介の力の差であったろう。しかもこともあろうに、鹿之介は誘いに乗って、わずか百の手勢で伯耆大山《だいせん》の末石城に移ったのである。この年元亀《げんき》二年（一五七一）元就は死んだが、吉川・小早川二川を中心の毛利軍は盤石である。手始めに末吉城が落とされ、次いで新山城も陥落して勝久は隠岐に、のち京都に逃れた。

鹿之介は吉川元春《きっかわもとはる》の捕虜となった。当初は首を斬られるはずであったが、鹿之介の武勇を惜しむ家臣の取りなしで、二千貫の知行で取り立てられることとなり、ひとまず伯耆の尾高城に監禁された。

ある夜、鹿之介はしきりに腹痛を訴えた。何十回となく便所に通う。怪しいと見た見張り番が便所を覗《のぞ》いてみると、中は血便で真っ赤であった。

「もしや疫病《えきびょう》では」と案じた番士は、鹿之介の便所への行き来を自由にさせ、監視の目もゆるんだ。それを待っていたかのように、鹿之介の姿は忽然《こつぜん》と城から消えた。便所の血は、自分で内股を切って擬装《ぎそう》したものであった。

「我に七難八苦を与えたまえ」

と諸神仏に祈ったといわれる鹿之介にとって、このくらいの苦痛は物の数ではなかった。尾高城を脱出した鹿之介は、しばらく出雲に潜《ひそ》み、ゲリラ戦のような反撃を繰り返し、それから京へ向かった。

## 「いま死ぬときではない」に表れた魂

鹿之介が京で頼ったのは織田信長であった。折から毛利との対決を目論《もくろ》んでいた信長は、すぐさま鹿之介の頼みを入れ、明智光秀《あけちみつひで》の配下として援助を約束した。これで勇気百倍、鹿之介は光秀の下知《げち》を待たず、勝久を擁して因幡《いなば》に攻め込んだ。天正二年（一五七四）正月のことである。たちまち鳥取城をはじめ三つの城を落として幸先《さいさき》よく見えたが、そこまでだった。毛利の大軍の反撃にあい、あっけなく退いた。

「いま死ぬときではない。小手《こて》調べに攻めたまでだ。退いて再起を図るのが最初からの計略だ」

と、負け惜しみのようなことをいい張り、意気は少しも落ちなかった。しかし鹿之介はこの戦いで、光秀が少しも頼りにならないことを知り、頼んで羽柴秀吉の麾下《きか》に替えてもらった。

天正五年、秀吉は播磨《はりま》の上月城《こうづき》を攻め、落城させた。鹿之介はもとより、勝久・氏久兄弟をはじめ尼子勢は総力をあげて先鋒《せんぽう》を努めた。秀吉は、毛利憎しの尼子勢を先に立てて中国に攻め入る計算であったようだ。上月城は播磨・備前《びぜん》・美作《みまさか》の国境にある最前線基地となる。秀吉はこの城を尼子勢に守らせた。

ところが、織田軍にとって思わぬ事態が発生した。天正六年、播磨三木城の別所長《べっしょなが》治《はる》が、にわかに反旗を翻《ひるがえ》したのである。秀吉はすぐさま三木城の攻略に回り、上月城は孤立した。えたりとばかり毛利の大軍が上月城を囲んだ。上月城は城兵も少なく、食糧の貯えも乏しかった。

秀吉はいったんは救援に向かったが、毛利の囲みを破ることはできず、信長からは上月城を放棄して三木城攻めに専念するよう命令がくる。やむをえず秀吉は、

「突出して我に合流せよ」と、尼子の家臣亀井滋矩《しげのり》を使って伝えた。しかし、脱出など誰が見ても不可能に見えた。鹿之介は滋矩に答えた。

「天は尼子氏を見捨てられた。毛利軍の陣立てを見るに、少数でもって突いて出ても、捕虜になるのは目に見えている。秀吉も無理に我らを救おうとすれば、兵卒を多く失う。我ら城中の士はことごとく主家を興すことに心を砕いてまいった。自分たちの生きんがために多くの兵を殺すことは、将として恥ずべきことだ。兵を救うため、我は死を覚悟している。たとえ貴殿の言葉でも受けぬ」

間もなく上月城は開城した。鹿之介は吉川元春に勝久・氏久の助命を乞うたが許さ

れず、兄弟は従う側近らと共に自害した。

ところで、鹿之介はこのたびも死ななかった。それればかりか、またもや三千貫の扶《ふ》持《ち》の約束を元春と取り交わしたという。しかし、前回のことがあるから、元春がやすやすと鹿之介の言い分を信用したとは思えない。事実、備中へ護送される途中、高梁《たかはし》の合《あい》の渡しで毛利の士に斬り殺された。

鹿之介の気持ちも、はっきりは伝わっていない。勝久との最後の別れを前にして、

「必ずや隙を見て、吉川の素首《そくび》を切り取って、あの世への土産にいたしますので、お先にお出でになり、楽しみにお待ちください」

と囁《ささや》いたというが、それが本当なら鹿之介は甘いというほかはない。元春が鹿之介に気を許すなど、金輪際《こんりんざい》考えられない。

鹿之介のこのような行為を、卑怯《ひきよう》と非難する者もあったが、それは当たらない。

「お家再興を果たすまでは、死んでも死にきれない」

という一寸の可能性にでも賭けたい強烈な希求。七難八苦の祈りは、「七転八起」「七生報国」のための一里塚であったはずだ。

# 竹中重治《たけなかしげはる》

## トップをあざむく命を賭けた〃小機転〃

天文《てんぶん》十三年（一五四四）生まれ。美濃《みの》斎藤氏配下重元《しげもと》の子。通称半兵衛。斎藤氏を離れ、秀吉に「三顧《さんこ》の礼」をもって迎えられた。黒田官兵衛と並び秀吉の二兵衛と謳《うた》われる。天正七年（一五七九）三木城攻め中に病死。

### 主君への報復と清い進退

重治の父遠江守重元《とおとうみのかみしげもと》は美濃岩手（関ヶ原北方）の城主。重治も若年から斎藤氏の稲葉山城に出向いて機嫌伺いなどしていた。そのころの重治は口が重く、周りのことにもあまり頓着しないので、ちょっと見には利口なのか馬鹿なのかわからなかった。

「まあ、大国の若様ならあれでもいいがな」

などの陰口も聞かれる。領主斎藤龍興《たつおき》もことごとに重治を侮辱《ぶじょく》していた。

重治十九歳のときのことである。龍興は櫓《やぐら》の上から、下を通る重治に小便をしかけた。重治は黙ってその場を通り過ぎたが、腸《はらわた》は煮えくりかえるようであった。竹中氏は斎藤氏配下とはいえ、特別の恩義はなかった。そのころの国衆《くにしゅう》がそうであるように、近くの権力者のもとに身を寄せ、もちつもたれつの関係だけである。龍興にそこまで威張られるいわれはない。

自分の城（菩提山城《ぼだいさん》）へ戻ると、重治は妻の父安藤伊賀守《いがのかみ》を訪ねた。

「お館《やかた》のたび重なる仕打ち、我慢がつき申しました。このうえは、一挙に稲葉山城を乗っ取ろうと存じますが、ご加勢いただけましょうや」

重治がいうのを聞いて、伊賀守はあきれた。「馬鹿な」といったきり取り合おうとしない。重治は自分一人で計画を実行することを決めた。

ある日、重治は人質をかねて城内にいる弟久作が病《やまい》のためということで六、七人の家臣を送り込んだ。夕方、長持に武器を入れて、病気見舞いのもてなしの品と称し、十人ばかりの部下とともに城門を通り抜けた。

そうしておいて夜に入り、人々の寝静まったころを見計らい、武装した家臣たちがあちこちに散らばって暴れまくり、果ては大声を挙げて敵の来襲をよそおった。城内はたちまちパニックに陥り、逃げまどう者あり、騒ぎ立ててかえって恐怖を煽《あお》る者ありで、龍興《たつおき》も何が何やらわからないまま、かろうじて城外に逃れた。稲葉山城は完全に重治の手に落ちた。

それを聞き知った織田信長が、美濃半分と引き替えの条件で重治を重臣にと誘った。しかし、重治はその申し出を断わった。

「自分の国の城を他国の方に渡して、所領を頂戴《ちょうだい》するわけにはまいりません」

もっともな言い分だが、戦国の世、これだけいえる人は他におるまい。信長はますます重治に惚《ほ》れ込み、その後、何度も誘いをかけている。一方、重治は一年の後、稲葉山城を龍興に返し、近江《おうみ》に近い不破《ふわ》郡栗原山麓に隠棲《いんせい》してしまった。

## 秀吉の勝ち戦さを支えた采配

重治が生涯、人を斬ったのは、例の稲葉山城乗っ取りの際の一人だけだったという。あとはすべて戦略に終始している。

斎藤氏滅亡後、信長の麾下《きか》に入った。といっても織田氏の客分扱いで、実戦では秀吉に与力《よりき》（加勢する）した。軍師としての重治の才覚は目覚ましく、秀吉の勝ち戦のほとんどは重治の采配《さいはい》によるものだといわれた。

元亀《げんき》元年（一五七〇）、浅井長政《あさいながまさ》との対決を例にとってみよう。

秀吉は浅井方の横山城に向かって要塞《ようさい》を築き、対峙《たいじ》していた。すると、浅井の居城小谷《おだに》城から七千ほどの兵が出て、南に向かうのが遠望された。

「これぞ好機、あとを追え」

と、秀吉は出撃を命じた。重治はこれを押しとどめ、

「あれは敵の陽動作戦です。見れば、戦気に満ちあふれているではありませんか。こちらの出るのを待って逆襲してくるつもりでしょう。ここを一歩も動いてはなりません。すでに出た兵は、一挙に引き揚げるべきです」

秀吉はいわれるままに構えを一段引き上げ、砦《とりで》の防備を固めた。

案の定、浅井勢はにわかに転進、攻撃を仕掛けてきた。しかし重治は、

「出るな。弓も鉄砲も撃つでない」

と、下知《げち》した。敵が侮《あなど》って近づくと、弓・鉄砲を放つが、兵は動かない。近づいては撃ち、退けば止めるできりがなく、浅井勢は夕方になってとうとう諦《あきら》め、兵を引きはじめた。重治は弓・鉄砲の者を周りの山々に送り、ときどき撃たせては引き、撃たせては引きして、夜陰に入ると、大声をあげて敵を追わせた。そのうちに浅井勢は疲れてしまい、ろくな反撃も見せず、小谷城に引き揚げようとした。そのときを見計らって、重治は総攻撃をかけたのである。敵はもう散々の敗退であった。

## 過ぎたる良馬買うべからず

戦場に出る武士が常に心がけていることは、名刀と良馬を手に入れることだった。「馬揃え」などというコンクールも行なわれ、武士たちは無理をしてでも駿馬《しゅんめ》といわれる馬を求めようとしていた。しかし、重治はこれに反対であった。

「分に過ぎた馬を求めるものではない。馬に乗って敵を追いつめ、いざ一戦というとき、馬添いの者が付いてきていなければ、馬の行方《ゆくえ》が気になって馬から降りられず、むざむざと敵を逃してしまうこともある。なまじ良馬ゆえに名を失うこともあるものだ。十貫で馬を買うつもりなら五貫のものを買え。惜しげなく飛び降り、乗り捨てる状況では捨てよ。残る五貫で他の馬を買えばよい。

## 人質救済が産んだ二兵衛の絆《きずな》

黒田官兵衛《かんべえ》と竹中半兵衛重治《しげはる》は、秀吉の「二兵衛」のほか、「良平」との呼び名もある。漢《かん》の高祖《こうそ》の謀将張良《ちょうりょう》と陳平《ちんぺい》になぞらえたものである。秀吉にとっては車の両輪のようなもので、常に並んでフル回転し、戦略をリードした。

二人の交友のきっかけは、天正五年（一五七七）、信長の中国攻めにはじまる。

官兵衛の父職隆《もとたか》は播磨《はりま》国姫路城城主で、赤松氏の一族小寺政職《こでらまさもと》に仕えていた。群雄割拠の世の中、小寺氏は毛利につくか、織田に味方するか、家臣どもの意見は大いに割れていた。

官兵衛は早くから信長の天下取りを予見し、小寺氏を信長方に味方させた。驚いた毛利氏は大軍をもって姫路城と小寺氏の居城御著《ごちゃく》城を攻めようとしたが、官兵衛の奇策に退けられた。この勝利の報は信長を喜ばせ、政職に感状を与えるとともに、官兵衛には摂津《せっつ》国有岡《ありおか》の城主荒木村重《むらしげ》を通じて賞賛の言葉を伝えさせた。この村重との交流が、のちのち官兵衛に不幸をもたらす。

さて、中国攻めの先鋒は秀吉と明智光秀であった。光秀は山陰道を、秀吉は山陽道を行くこととなった。このとき、官兵衛は嫡子松寿丸《しょうじゅまる》を信長のもとに人質として入れた。信長は松寿丸を秀吉に預け、官兵衛は秀吉の麾下《きか》として参戦した。秀吉は官兵衛に導かれて姫路城に入り、中国攻めの拠点《きょてん》とした。

明くる天正六年、荒木村重が信長に反旗を翻《ひるがえ》し、毛利に味方した。小寺政職もそれにつづいた。官兵衛は村重に思いとどまらせようと、単身、有岡城に赴いた。しかし、村重は官兵衛の説得に耳をかさず、かえって官兵衛を捉《とら》え、牢《ろう》に押し込めた。

官兵衛が戻らないことに、姫路城の秀吉軍は疑惑の目を向けた。

「官兵衛め、寝返ったか」

このことは信長の耳にも達した。

「おのれ官兵衛、直ちに人質を殺してしまえ」

このようなときの信長の怒りは、手がつけられない。

「いかがしたものか」と秀吉は半兵衛に相談した。

「官兵衛殿が裏切ったとの確証はいまだありません。松寿丸が殺されたとあれば、職隆殿も敵に回すことになります。ここは一つ、私にお任せください」

半兵衛は急ぎ長浜に飛脚《ひきやく》を出し、松寿丸を密《ひそ》かに自分の居城美濃《みの》の菩提《ぼだい》城に移した。

そのうえで、信長にはいかにも人質を殺したような証拠を差し出している。

天正六年になって有岡城は落ちた。村重は逃亡し、官兵衛は無事救いだされた。この松寿丸こそ、のちの黒田長政《ながまさ》である。

## 心に不安が湧く要素を排除する

官兵衛があるとき秀吉の誓約書《せいやくしょ》を重治に見せてぼやいた。それには、「わたしが出世の暁には、必ずや十分な知行をもって貴殿に報いる」と、あった。

「しかるに、いっこうに実行に移してくだされぬ」

重治はその書き付けを受け取って、しばらく眺めていたが、突然びりびりと破いて、傍《かたわ》らの火鉢にくべてしまった。

「あっ、何をなさる」

官兵衛があわてて手を伸ばしたときには、誓約書はあらかた灰になっていた。

「なまじこんなご誓文《せいもん》があればこそ、心に不足も湧く。不足があれば勤めも疎《おろそ》かになろう。結局は御身のためにならぬ」

聞いて官兵衛は恥じ入り、いっそうの忠勤に励んだという。

また、半兵衛自身も、秀吉からきた懇《ねんご》ろな手紙は、すべて破り捨てていた。

「このようなものを残しておけば、のちになって繰り言（愚痴《ぐち》）を口にすることもあろう。子や孫にいたっては、おのれの心構えのなさを忘れて、父は、祖父は、このように親しくしていただいていたのに、と主君に逆恨《さかうら》みをすることにもなりかねない」

というのである。

# 本多忠勝《ほんだただかつ》――強大な敵に一矢報いるやり方

天文《てんぶん》十七年（一五四八）三河《みかわ》生まれる。松平（徳川）氏譜代忠高《ただたか》の嫡男。幼名平八郎。二歳のとき父討ち死に。十三歳の初陣より五十七戦に臨み無傷であった。徳川四天王の一人。伊勢桑名《いせくわな》十五万石。慶長十五年（一六一〇）没。

## 家康に過ぎたるもの

元亀《げんき》三年（一五七二）、武田信玄は織田信長が江北《こうほく》の朝倉・浅井に手こずっている間に京に上ろうと、四万五千の軍勢が二手に分かれて甲州を出発した。一隊は三河《みかわ》へ、信玄率いる本隊二万七千は浜松にいる家康を無視、遠江《とおとうみ》を通過しようとした。信玄にとって徳川はまだ弱小国で、相手にするには当たらないのだ。これに反発した家康は、三方ヶ原《みかたはら》付近に敵を迎撃《げいげき》しようと、三千余りの兵を浜松の東方、天竜川を越えた見付ヶ原に繰り出した。

「小癪《こしやく》な。一騎も残らず討ち取れ」

信玄の下知《げち》で、武田軍はいっせいに進路を変え、向かってきた。その圧倒的な数の差に、徳川勢は引き揚げを決意した。忠勝は千二百の兵と共に殿軍《しんがり》を務めた。が、見付の北方一言坂《ひとことざか》あたりで敵の先鋒に捕まりそうになった。

忠勝は時に二十五歳。黒糸縅《くろいとおどし》の鎧《よろい》に鹿角の兜《かぶと》、蜻蛉《とんぼ》切りの槍を抱えて、敵味方打ち混じるなか、馬で一町（一〇〇メートル余）ほど乗り込んだ。

「退け、退けーい！」

大音声《だいおんじょう》に叫び、そのうえであたりの民家に火を放ち煙幕を張った。それでも火の粉をかいくぐって追いすがる敵があると、戻って蜻蛉切りの石突き近くを片手で握り、ぶんぶん振り回した。その顔はさながら鬼神《きじん》のごとくであったと、あとあとまで武田方の話題になった。蜻蛉切りというのは、太い柄に青貝の螺鈿《らでん》をほどこした二丈（六メートル余）余りの長槍で、かつて飛ぶ蜻蛉を切ったと伝えられる名槍だという。

こうして進んでは引き、引いては進むこと七度八度、味方が全員天竜川を渡り切るまでただ一人踏ん張った。

武田勢が引き揚げたあと、

「家康に過ぎたるもの二つあり。唐《から》の頭に本多平八」

と書かれた立て板が、見付ヶ原に建てられていた。武田方の侍《さむらい》大将小杉右近が書き付けたものだという。ちなみに、「唐の頭」というのは、旄牛《ぼうぎゅう》（ヤク）の尻尾の毛をつけた兜のことで、この毛は南蛮渡りの高価なものであった。

## 敵前で馬の口を洗う心理

天正十二年（一五八四）、尾張《おわり》の小牧《こまき》・長久手《ながくて》の戦いは、秀吉にとっても、家康にとっても、あまり気乗りのする戦いではなかった。本能寺の変後、故信長の二男でありながら秀吉に無視されたかたちの信雄《のぶかつ》が、家康を頼っての衝突であった。秀吉にしてみれば、さらっと片づけておきたかったに違いない。しかし、長久手で麾下《きか》の森長可《ながよし》・池田恒興《つねおき》が討たれたことを知ると、みずから指揮をとり、十六段の陣列を組んで、大挙長久手へ向けて出陣した。

忠勝は石川数正《かずまさ》・酒井忠次《ただつぐ》と小牧山で留守を守っていた。家康は小牧山を出て、長久手を見下ろす色ヶ根山に陣取っているはずだ。忠勝は、

「たとえ一時なりともあの大軍を食い止め、長久手に向かわせないようにしよう」

といい、石川・酒井の反対を押し切って、五百の手勢で繰り出した。

秀吉の本陣は犬山に近い楽田原《がくでんはら》であった。長久手に向かうとすれば、忠勝の隊と平

行して進むこととなる。敵味方の間、わずか四、五町ほどの距離であったという。

忠勝側はときどき鉄砲を撃ちかけるのだが、秀吉は先を急いでいっこうに取り合わない。こちらを小人数と見て侮《あなど》ったのである。それと見て取った忠勝は、庄内川の竜《りゅう》泉《せん》寺近くで、ただ一騎馬を乗り入れ、馬の口を洗わせた。

「あやつは何者だ」

と、秀吉は側《そば》の者に尋ねた。

「あの武者姿から見て、本多平八とか申す者と思われます」

それを聞いて、秀吉は、

「五百の兵で我ら八万の敵に立ち向かわんとする。万が一にも勝ち味がないのに、命をかけて主を守ろうとしているのであろう。不憫《ふびん》じゃ。撃つな」

といって、弓や銃を止めさせたという。

家康はその夜のうちに小牧山に引き揚げ、秀吉も軍を引いた。

この合戦、局地戦では家康の勝利であったが、長い戦いに飽きた信雄が勝手に秀吉と和睦をしてしまったので、家康の努力は空振りに終わった。

## どこまで主君に忠実でいられるか

天正十八年（一五九〇）小田原北条氏を攻略した秀吉は、さらに奥州まで平らげようと兵を北上させ、下野《しもつけ》の宇都宮に逗留《とうりゅう》していた。

忠勝は数々の関東平定の戦いに参加して手柄をあげ、上総の庁南《ちょうなん》（長南）にいるところを秀吉に呼び出された。並みいる諸大将を前に、秀吉は一つの兜《かぶと》を取り出した。

「この兜は、熊野からもたらされたもので、むかし、佐藤忠信《ただのぶ》がかぶっていたものという。忠信といえば、かの九郎判官義経《ほうがんよしつね》に仕えて、世に知られる忠臣である。誰か、忠信に劣らぬ忠義の者に与えようと思う。誰がよきかな」

と問うた。答える者はいなかった。

「わしは本多平八郎こそ、この兜に値《あたい》する者と思う」

と秀吉はいい、忠勝が挙げた数々の手柄を事細かに並べたてた。忠勝は大いに面目をほどこし、その場を退出した。

その夜、忠勝は秀吉に密《ひそ》かに呼ばれた。秀吉は茶を点《た》てながら、

「その方の武勇は人の知るところではあるが、本日わしは天下にそれを知らしめんが

ため、諸将の前で披露《ひろう》し、忠信の兜を与えた。これはわしがその方に与えた恩ぞ。家康の恩と、わしの恩といずれが深きか」

と尋ねた。

忠勝は頭を畳に押しつけたまま答えない。秀吉は同じ問いを何回もした。ややあって忠勝は、

「殿下のご恩、海よりも深きものではありまするが、家康は譜代《ふだい》の主でございますれば」

と答え、はらはらと涙を流した。秀吉は笑って、

「さもありなん。その答え、とくと承知しておったわ」

といい、茶を忠勝の前に差し出した。

# 大谷吉隆《おおたによしたか》

## 「金銀」よりも「信義」を選ぶ男気

永禄《えいろく》二年(一五五九)生まれ。父は豊後《ぶんご》の大友家家臣。幼名平馬、初めの名は吉継。秀吉の近習として賤ヶ岳《しずたけ》の戦いなどで功名を挙げ越前敦賀六万石。ハンセン病で盲目《もうもく》となる。関ヶ原の戦いで三成に与《くみ》し奮戦、自刃した。

### 三成の高慢さを諭《さと》す

吉隆は主家を失い浪々《ろうろう》の身を、石田三成の推挙によって秀吉に仕えたといい、終生、三成に恩義を感じ、また、友情を抱いていたといわれる。したがって、いいにくいことも面と向かって口にすることがしばしばあった。

ある日、三成をつかまえて忠告した。

「貴殿はつねづね金銀を大事とされ、人にも金銀を与えさえすればよしとして、ご家来衆にもそうしておられるようだが、それは大きな心得違いというものだ。もちろん、金銀は宝には違いないが、使いようを間違えれば害ともなる。とくに家来というものは、真心をもって接しなければ、心から服するものではない。心服しなければ、いざというときに役には立たぬ。人は使いようと申すではないか。

主貧しければ慎《つつし》み深く、自然人を敬することも厚いゆえ、家の者たちもそのようになる。主の懐《ふところ》が豊かで多くの家禄を与え、物も惜しみなく与えれば、家来も悪い顔はしないが、当たり前のように心得る。主人もこのくらいは働いて当然だと思い、主、家来ともに心のつながりを失いがちだ。

もっとも一概にはいえぬ。貧しくて誠意もなければ、家臣の気持ちは離れて、わずかのことで家が滅びることも多い。たとえ貧しくとも、つねに家臣と辛苦《しんく》を分かち合い、雨風や暑さ寒さも自分が受け止めるような覚悟の将であれば、家臣は困窮のなかでも命を惜しまず尽くすものだ。金銀で人を使おうとすれば、それをなくしたときに人は離れる。心されよ」

三成は吉隆の心からの諭《さと》しに感謝し、

「貴殿の忌憚《きたん》のないご意見、痛み入る」

と答えるものの、そのあとも忠告を忘れるような行為が多かった。そのうえ、しばしば才知を誇って人を見下すようなところがあり、そのたびに吉隆は意見した。

## 友情の一点で、死を覚悟の負け戦さに同意

慶長《けいちょう》五年（一六〇〇）六月、徳川家康は会津の上杉征伐の兵を起こした。このころ大谷吉隆は病《やまい》で盲目だったが、それに応じて千余の兵を率いて京都伏見を発《た》ち、東へ下ろうとした。

美濃《みの》国垂井《たるい》宿まで来たとき、三成の使者がやってきた。家康が故太閤の子秀頼《ひでより》をないがしろにし、思うままに振る舞うのを黙って見ていられないので兵を挙げる。ついては吉隆に助勢をして欲しいというのであった。吉隆は使者に告げた。

「なるほど上杉攻略のため家康が関東に下るのは、家康を討つにはよいチャンスといえよう。しかしこれが巧《うま》くいくとは限らない。何となれば、三成は才はありあまるが人望がない。もし、宇喜多秀家《うきたひでいえ》・毛利輝元の二人を表に立てて、上杉景勝《かげかつ》とよく連絡をつけ、東西から挟《はさ》み撃ちにするのであれば、勝機はある。さもなくば、景勝が少しの間、家康を引きつけておいたとしても、その間に西の大名どもが一つに心を合わせるということはできまい。家康が兵を返して戻ってくれば、危ないこと限りがない。その点を、戻って三成をよくよく諭せ」

と、使者を先に帰し、改めて自身が三成の佐和《さわ》山の城に出向いた。

三成は喜び迎えたが、しかし、あくまで強気の姿勢を崩さない。

「西国の毛利・島津・小西など、いま、続々と大坂に上ってきている。信濃《しなの》には真田《さなだ》もいれば常陸《ひたち》に佐竹もいる。景勝とも謀《はか》ってその力を集結すれば、一挙に江戸を押さえることができる」

これを聞き、吉隆は見えぬ目に涙を流した。

「いま、天下は平穏というに、何故に乱し、命を軽んじようとするのか、まことに悲しむべきことだ。貴殿のいうところは勝算ではなく賭《か》けだ。もし、もう少し早く貴殿の決意を耳にしていれば打つ手もあったろう。しかし、家康はもはや江戸に向かっている。虎を千里の野に放ったようなもので、もう手遅れだ。事は必ず失敗するであろう。しかし、事ここに至ってはどうすることもできぬ。貴殿と死を共にしよう」

と、三成に加勢することを告げた。

## 徳川の加増は受けぬという生きざま

吉隆が三成に同意して兵を挙げようとしたことは、たちまち徳川方にも知れた。家康の近臣井伊直政《いいなおまさ》と本多忠勝《ほんだただかつ》が相談して使いを寄越した。

「太閤薨去《こうきょ》の後、四大老、五奉行がともすれば我が殿を妬《ねた》み、徒党を組み対抗せんとしておるが、貴殿は同意されなかったことを、殿も喜んでおられた。しかるに、このたび心変わりなさったように承わる。これは貴殿の滅亡を招くこと必定。この先、非をあらため、徳川にご一味くださるのであれば、越前《えちぜん》半国を賜るように、両人にて計らい申すであろう」

というものであった。これに対し吉隆は、

「太閤が亡くなられて後、四老・五奉行が徳川殿を除かんと密談に及んだことなど、わたしは数年来病《やまい》にてあずかり知らぬこと。徳川殿を思って同意しなかったわけではない。それは徳川殿もご存じのはず。それをいまさらお褒《ほ》めにあずかるとは心得難きことでござる。お味方すれば越前半国を賜るということだが、わたしはすでに故太閤殿下より六万石を頂戴し、奉行の列に加わりながら、不治の病に冒《おか》され勤め成りがたく、官録を辞退したことは貴殿らもとくと承知されていよう。太閤殿下よりのたびたびのお下知《げち》さえ病いのためとお断わりした私が、徳川殿の加増を受ける謂《いわ》れはない。恐らく貴殿らは徳川殿を思っての働きかけであろうが、しからば秀家・景勝・輝元が幼君秀頼《ひでより》様を思っての志も推《お》し量《はか》られるべきであるに、凶徒の謀反《むほん》のと申されるのは、ご両所らしからぬ仕儀でござる」

と言い返した。このあと、徳川方の上方《かみかた》大名への誘いは止んだという。

## 信義に殉ずるのは是か否か

吉隆はこのたびの戦いが、万が一にも西方の勝利になるとは思わなかった。三成の戦略は余りに杜撰《ずさん》であったし、西方が頼みとする大名たちの去就《きょしゅう》も定かではなかった。それでもなお、三成に味方することを決意したのは、すべて三成との間の信義であった。そのために改めて兵卒を鍛《きた》え、戦略の手を打てるところは打った。

五大老の筆頭であった加賀《かが》前田家は利家《としいえ》が没し、嫡子利長《としなが》が跡を継いでいた。利長は愚かではなかったが、父にくらべ胆力《たんりょく》に欠けていた。家康の誘いを断わりきれず、東軍に参加するようであった。

吉隆は秀吉の元お伽衆《とぎしゅう》だった中川宗半《そうはん》という者が金沢に下る途中をつかまえて、利長への書簡を書かせた。宗半は利家の娘婿《むすめむこ》である。宗半が断われば斬り殺さんばかりの形相《ぎょうそう》であった。宗半はやむなく吉隆にいわれるままに筆をとった。それには、

「このたび、大軍を発し、近隣を従えて、上方に向かわれると伺《うかが》っておりますが、これに備え、大坂では敦賀《つるが》表《おもて》に軍を集結させております。のみならず、大谷吉隆《よしたか》が兵船を出して、主力が留守の加賀国へ乱入するつもりのようです。長征をなされて、陸海前後から攻められれば危険この上ありません。よくよくお考えあるがよろしかろうと存じます」

というようなことが書かれていた。

その密書を受け取った利長は驚いた。まがいもなく、能筆家宗半の筆跡である。利長は早々に軍を引き揚げた。

九月、関ヶ原の戦いの幕は切って落とされた。吉隆は戸田・平塚などの諸将と藤川の南に陣を敷いた。肩輿《かたこし》に乗っての陣頭指揮である。小早川秀秋の寝返りに備えて六百の精鋭を小早川の松尾山のすぐ側に置いた。しかし秀秋、朽木《くつき》元綱《もとつな》らの裏切りがあり、吉隆は自刃、全軍討ち死にして果てた。

第六章

# 〝欠点〟を武器にすりかえる考え方

# 本多《ほんだ》重次《しげつぐ》

## 「短気」を戦術にまで高める〝やり方〟

享禄《きょうろく》二年（一五二九）生まれ。父は松平氏譜代《ふだい》の重正。初名八蔵。清康・広忠・家康に仕え、三河《みかわ》三奉行の一人として浜松城の留守居を勤めたが、頑固一徹《いってつ》が祟《たた》って、上総《かずさ》小糸に五千石で閉居。慶長元年（一五九六）没。

### 「短気」は損か得か

「一筆啓上、火の用心、お仙泣かすな、馬肥《こ》やせ」

本多作左衛門重次の書いた日本で一番簡潔な手紙文としてよく知られる。重次が旅先から妻に送ったものという。お仙というのは一子仙千代の名である。簡にして要を得た、ともてはやされている。

重次は短気だった。有名なのが秀吉の母大政所《おおまんどころ》と妹朝日姫の軟禁の件である。小牧《こまき》・長久手《ながくて》の戦いが終結したのが天正十二年（一五八四）、秀吉・家康の間に和議が整ったのが天正十四年であった。秀吉は妹の朝日姫を家康の後妻《ごさい》に入れ、代わりに家康の上洛《じょうらく》を促《うなが》した。後妻は体《てい》のいい人質である。それでも家康が「うん」といわないのをみて、さらに母の大政所を送り込む。さすがに家康も腰を上げた。

家康の留守の間、岡崎城を守るのは重次であった。重次は大政所と朝日姫の居室の周りに柴を山のように積み上げた。驚いた大政所付きの女たちがその訳を尋ねると、

「上方にお出での大殿のお命が失われたり、お戻りになれないことがわかったら、すぐさま火をつけて、なかのお方を焼き殺すようにとのことのようです。お留守居役《るすいやく》本多作左衛門様のおいいつけです」

と、警護の下士が告げた。さらに、

「本多様といわれるのはきわめて気が短く、毎日のように、殿のご帰還はまだか、まだか、と仰《おお》せになり、遅い、はや火を付けよ、晩には焼きたてよといわれるのを、井伊直政《いいなおまさ》様や大久保忠隣《ただちか》様がお引き止めになっているとのことです」

それだけでも恐ろしいところに当の重次が目を吊《つ》り上げ、いまにも噛みつかんばかりの形相で見回りにくる。なにしろ重次の容貌ときたら、かずかずの戦闘で顔面火傷《やけど》と刀傷だらけ、片目はえぐられてない。おまけに指先は欠け、足を引きずっているという異形《いぎょう》に、女どもが震え上がるのも無理はない。

さいわい、秀吉と家康との対面は穏やかに済《す》み、家康は無事帰還、大政所も大坂に

戻ったが、気の毒に朝日姫は鬱病《うつびょう》になり、三年後に死去してしまった。

もっとも、大政所からかずかずの訴えを聞いた秀吉は、

「家康殿も、よき家来を多数おもちだ。秀吉もそのような者が欲しいものだ」

といったというから、秀吉も腹が大きい。

## 「気の短さ」を仕事に活かす法

重次はいいたいことをそのままいい、ややこしいことは大嫌いという性格だが、心根はやさしく、正しいと思うことは決して曲げなかった。

三河一揆《みかわいっき》が収まり、徳川家が今川氏からようやく独立安定した永禄八年(一五六五)、家康は古い家臣のなかから三奉行を置いた。それを下々では、

「仏高力《こうりき》、鬼作左、どちへんなしの天野三兵《さんべい》」

と、はやし立てた。高力清長は仏心厚く慈悲深い人といい、本多重次は鬼のように怖《こわ》い、どっちともつかないのが天野三兵だというのである。

岡崎領内では、女どもが、鍋《なべ》の物がなかなか煮《に》えないと、鍋に向かって、「急がぬと作左衛門が来るぞ。早く煮《に》よ」などといっていたという。

この人事で、はじめ重次は奉行など一日ももたないと噂《うわさ》されたが、なってみると、人格高潔、依怙《えこ》贔屓《ひいき》なしで吟味《ぎんみ》をてきぱきと決済するというので、改めて家康の目の高さが評価された。当時、三河では、いくら決まりや布告を壁紙にして張り出しても、いっこうに守られなかった。すると重次は、

「字などろくろく知らぬ百姓に、このような固い言葉を、難解な文字で並べても、読みはせぬ。読ませようがあるだろう」

と、イロハ文字で易しく書き記し、終わりに、「右ニソムクモノハ作左衛門シカル」と、書き加えた。その後は、三河中に法令が行き届いたという。

## 秀吉が相手でも「やり方」は変えぬ

天正十八年（一五九〇）北条攻めのため、京から小田原に向かった秀吉は、途中、駿河の国府《こくふ》に立ち寄った。家康はうやうやしく秀吉を城に迎え、上座に据えて、自分は下座で饗応《きょうおう》をしていた。と、そこへ、重次が遅れて入ってきて立ちはだかり、

「やあ、殿よ殿、まことに不思議な振る舞いをなさるものですな。国をもつ者が、おのれが住む城を空けて、少しの間とはいえ人に貸すなどありえましょうか。その分で

は、人が借りたいといえば、奥方さままでも貸されることになりかねませぬな」

と、大声をあげ、さっさっと立ち去った。家康は狼狽《ろうばい》し、

「老人の世迷い言とお聞き流しくだされ。あれは本多作左衛門と申し、家康累代《るいだい》の家臣にて、家康幼きときより仕えて参った者。年若きうちより弓矢・槍刀をとっては人に知られた者なれど、いまはご覧のごとく年もだいぶ取り申した。家康も不憫《ふびん》に思うておりますが、天性のわがまま者で人を虫ほどにも思わぬところがあり、人前でもかく家康に恥をかかせ申す。ましてや、二人差し向かいおるときをご推察願いたい。普段はともあれ、このような日にまで奇《き》っ怪《かい》な振る舞いをするとは……方々に対して恥入る次第でござる」

と、取り繕《つくろ》う。その座には秀吉を取り巻く上方《かみがた》の諸将がきら星のごとく居並んでいたが、誰も重次を咎《とが》める者はなく、

「徳川家にこの人ありといわれる鬼作左とは、かの御仁《ごじん》でありましたか。お目にかかったは初めてでござる。まこと、聞きしに勝る武士にございますな。いまさらのことではないが、このようなご家人をもたれて、徳川殿はご果報者《かほうもの》にございます」

などと世辞を並べたという。

# 山内一豊《やまのうちかずとよ》

## 他人のアイデアを使って出世する〝盗みのテクニック〟

天文《てんぶん》十五年(一五四六)生まれ。父は尾張国黒田城主盛豊《もりとよ》。初名猪右衛門。信長・秀吉に仕え、掛川五万石。関ヶ原で東軍に味方し土佐二十四万石に封じられる。戦闘よりは軍略に秀でる。慶長十年(一六〇五)没。

### 妻の力で二十四万石を手に

一豊は二十歳のころ信長に仕えたが、さほどうだつは上がらなかった。

信長の安土《あづち》城下で「馬揃《うまぞろ》え」が催された。馬揃えというのは、いわば軍馬の品評会である。それぞれ自慢の馬をもち寄り、調馬《ちょうば》の腕を競う。馬揃えが近づくと、城下は馬を売り込む東国の博労《ばくろう》(「馬喰《ばくろう》」とも)商人でにぎわった。

なかに一頭、誰が見てもすぐ欲しくなるような駿馬《しゅんめ》がいた。しかし、値段があまりにも高い。どうあっても下士《かし》たちに手の出る値ではない。一豊も何回も馬の前を行き来したが、あきらめて家に戻った。思い出してはため息をついていると、

「いかがなさいました。心配ごとがおありなら、この千代にお聞かせくださいい」

と妻がいう。一豊は、無念の思いを妻に告げた。

「いかほどのものにございますか」

聞かれるままに一豊は、

「十両だ」

と答えた。

すると、千代はつと立っていって、鏡匣《かがみばこ》の隠し引き出しから袱紗《ふくさ》を取り出してきて、一豊の前に差し出した。

「これは、私が嫁ぐとき、父が夫の一大事のときに使え。いかに困ろうと決して無駄に使うでないと、渡してくれたものです。十両ございます。これで馬を調えなさいませ」

とのこと。一豊は驚いた。長い浪人の末の仕官だったので、これまで生活は貧しさをきわめ、明日の米にも事欠くこともしばしばだった。そのなかで十両もの大金を崩さず、大切に貯えていた妻の心を推し量《はか》り、一豊は大粒の涙を流した。

さて馬揃えの当日、人々はあの垂涎《すいぜん》の名馬を、下士の一豊が引いてきたのに驚いた。

信長は、

「あっぱれよ一豊。それほどの名馬、織田の家中で誰も買えなかったと他国に聞こえれば、この信長の恥になるところであった」

と大層なご機嫌であった。そのうえで、買い取りの経緯《けいい》を聞き、

「馬も立派なら妻も立派。末永く大切にせよ」

と、加増の沙汰があった。

この「内助の功」の物語は、世上にあまりにも有名である。しかし千代の内助は、これだけにすまなかった。

慶長五年（一六〇〇）石田三成《みつなり》挙兵のとき、一豊は上杉征伐に赴いて宇都宮にいた。上方に争乱が起きたという知らせは次々に入ってくるのだが、どれも不確かで大坂の様子などはっきりしない。家康はこのとき下野《しもつけ》の小山にいて、軍議のため急ぎ諸将を呼び集めた。

そのとき、一豊は汗にまみれた一本の紙縒《かみより》を持参し、家康に差し出した。

「お見苦しくはございますが、これは大坂の妻より送られてきたものです。ご一覧くださいませ」

いわれて家康が開いてみると、それは大坂の様子をくわしく知らせる書状であった。

大坂在住の諸将の妻子は、大坂城に入るよう布令が出、加藤清正《きよまさ》の妻は船で逃げた。そして細川忠興《ただおき》の妻女が屋敷に火を掛けて自害したため、入城の件は沙汰やみになった、などなど……

「して、この書状はいかようにして送られてきたものか」

と家康に聞かれ、

「女の浅知恵と申しましょうか、郎党を旅商人に仕立て、紙縒を笠の紐《ひも》にしてもたせて寄越しました」

との一豊の返答に、家康は、

「浅知恵どころか、かねてより聞き及ぶ対馬守《つしまのかみ》（一豊）の妻女の機転、見上げたものよ」

と、感心しきりであった。

この役後、一豊は一気に土佐二十四万石に引き立てられる。

「山内殿の所領は、ご妻女に賜ったものだ」

と、人々は賢い妻をもった一豊を羨《うらや》んだ。

## 「他人の頭」をいかに活かすか

さて、この小山での招集のとき、集まった諸将は、石田三成《みつなり》方に付くか、家康に従うか、まだ去就《きよしゅう》を決めかねていた。

一豊は堀尾忠氏《ほりおただうじ》の陣を訪ねた。忠氏の父は秀吉三中老のひとり堀尾吉晴《よしはる》である。したがって忠氏は一豊からみれば、子どものような若さである。父の代わりに出陣をしていた。年は若いがなかなかの人物で、一豊とは日ごろから親しみ、意見を述べ合っていた。

「このたびの戦い、忠氏殿はいかがなさるご所存か」

と、一豊が尋ねると、忠氏は、

「私は、いざとなったら我が浜松の城に兵糧を貯え、城ごと家康様へ献上するつもりです。さらに、人質を徳川の三河《みかわ》吉田城に送り込み、徳川の先陣を承ります」

との返事である。一豊は、

「なるほど」

と、腕を組み、あとは何もいわなかった。

さて、会議は重苦しい雰囲気ではじまった。

「このたび、秀頼《ひでより》公のご命令で、この家康を討たんがため、上方で大軍が発せられたよし。家康には何の罪か覚えもなく、また幼弱の秀頼公のご本心から出たとは思われぬ。しかしながら、各々《おのおの》方のなかには故太閤殿下のご恩顧《おんこ》厚き面々も少なからず。上方に同意の方は、直ちにお上りあれ。家康、少しも恨《うら》みには存ぜぬ」

家康の言葉にも、しばらく誰も声を上げる者はなかった。しかし、短気者の福島正《まさ》則《のり》が、堪えかねたように立ち上がり、拳《こぶし》を振り上げ、

「人は知らず。この正則は、内府（家康）が秀頼公を粗略《そりやく》にされない限り、南無《なむ》八幡《はちまん》、三成をば踏みつぶしてくれん」

と叫んだ。豊臣政権のなかで文治派といわれた三成は、正則ら武断派の家臣たちの憎しみの的だった。しかし人々は、目と目で互いの思惑《おもわく》を測《はか》って、口をつぐんだままであった。そのとき、一豊が末席からにじり出た。

「日ごろに似合わざる、はっきりせぬ諸公のご態度でござりまするな。この一豊は領国掛川を、かねて貯えた兵糧に添えて、家子郎党《いえのころうとう》、妻子すべてを徳川殿にお預けする。そのうえで、兵を率い、福島殿と先陣つかまつる」

なんと、忠氏がいったそのままを、居城の名だけ変えて、諸将の前で披露したのである。すると、池田・黒田・藤堂・浅野などの主立った人々も、堰《せき》を切ったように正則と一豊の動議に賛同の意を表した。

「本日の軍議、うまく運びました」

帰りの道々、忠氏は笑いながら一豊にいった。自分のアイデアを全部取られてしまったかたちの忠氏だったが、無欲だった。

「わたしのような若輩者が物申すより、一豊殿のお言葉のほうが、はるかに重みがあります。それに、日ごろ穏和《おんわ》なお口から、思いがけない激論を聞かされ、方々は尻《しり》を叩かれた思いであったに違いありません」

忠氏の判断は正しい。しかし、なかなかできぬ態度だ。そして、若者のいうことに素直に耳を傾け、チャンスにそれを生かした一豊も褒《ほ》められていい。

# 藤堂高虎《とうどうたかとら》――巧妙な〃ゴマすり戦術〃で、トップをそそのかす

弘治《こうじ》二年（一五五六）生まれ。近江浅井氏家臣虎高の子。初名与右衛門。初め浅井氏、のち豊臣秀長《ひでなが》・秀吉に仕える。関ヶ原では東軍に属す。伊勢・伊賀など二十二万石余。築城縄張りの名手。寛永七年（一六三〇）没。

## 〃数より実力〃の論理

高虎は勇将には違いなかったが、どちらかといえば部下の扱い方のエピソードのほうが多い。

かつて中村一氏《かずうじ》に仕え、増田長盛《ましたながもり》の客分として活躍した渡辺了《さとる》という部将がいた。関ヶ原の戦い後、渡辺が浪人していたので、高虎は二万石の禄で召し抱えることにした。これを聞いた加藤嘉明《よしあき》が、

「無駄なことをする。わしならば二万石あれば二百石の士を百人抱える。いかに勘兵衛（了）が強くとも、百人にはかなうまい」

といった。すると高虎は答えた。

「平士の二百や三百で固めたところなら、人は踏み破っていくわい。勘兵衛が固めるとあれば、敵ははじめからびびって、なかなか近づくものではない」

高虎は、かつて近臣に、

「わしも若いころは気負って功名を争い、鎧兜《よろいかぶと》を被って戦いに出ることを最大の楽しみにして、進めば先陣を承り、退くときは殿軍《しんがり》を務めるのを誇りとした。しかし、一国一城の主となったいま、いたずらな勇気や軽々しい戦いをするのは大将の器《うつわ》ではないと悟った。以来、身を慎んで良き家臣を得ることに心を砕いた。さいわい、このわしにまさるよい家来をもち、新たな人材も集まった。ために数々の戦いにも勝ち抜くことができた。これも皆、家臣に人を得たお陰である」

と語っている。そして、何かの理由で暇を願う者があると、明くる朝茶室に招き、静かに一服をすすめながら、佩刀《はいとう》などを与えて、

「行くか、よき主を選べよ。戻ってきたくば、何時でも帰ってこい」

と、送り出した。帰ってきた者には、元の禄を与えたという。

福島正則が広島を改易になったのち、久留島若狭《くるしまわかさ》という五千石の家臣が安芸《あき》で落ちぶれていた。側近との四方山《よもやま》話でそのことを知った高虎は、

「その者を抱えよ。左衛門太夫（正則）のところで五千石なら、一万石を与えよう」

と、直ちに迎えの使者を向けた。しかし、若狭は固辞《こじ》して受けなかった。

「かつて我が主人は、藤堂様とは犬猿《けんえん》の仲と承る。いまここに倍の禄を賜るからといってお受けしたのでは、武士の義が立ちませぬ」

というのが理由であった。

「なるほど。しかし、惜しい武士ではある」

と、高虎は感じ入ったが、なかなか諦《あきら》めきれない様子であった。

若狭はのち、高虎の推挙で、紀州藩主徳川頼宣《よりのぶ》に高禄で召し抱えられた。

## 戦い終われば〝敵も味方もなし〟

高虎は上下を問わず、誰に対しても優しかった。

豊臣家が滅亡した大坂夏の陣では、高虎は大坂東南の八尾《やお》で西軍の長曾我部《ちょうそかべ》盛親《もりちか》と対峙《たいじ》した。圧倒的な敵の大軍を前に、高虎は敵味方が隊伍を整える前に散兵戦で突っ込み、勝利を得た。盛親は高虎の素早い戦法に舌を巻いたという。

この盛親が、のちに捕われて京都二条城の門外につながれた。通りかかった高虎は、それを見て胸迫る思いがあった。先の八尾では、藤堂仁左衛門など股肱《ここう》の臣を失っていたが、戦いによる恨《うら》みはなかった。

高虎は輿《こし》から下り、盛親に近づいてなにかとねぎらいの言葉をかけ、その後、白い麻衣《あさごろも》と、雨露をしのぎ顔を隠すための菅笠《すげがさ》を贈った。盛親が獄《ごく》に入ってからも、たびたび家臣を遣わして、八尾の戦いの様子を詳しく聞きとらせるなどして、力づけた。

その一方、八尾で戦死した家臣の位牌《いはい》をつくらせ、南禅《なんぜん》寺の金地《こんち》院崇伝《いんすうでん》に頼んで、厚く法要《ほうよう》を営んだ。高虎は香を焚《た》きながら涙が止まらず、家臣たちがしきりに慰めたと伝えられる。

大坂城落城の際、燃えさかる炎のなかから抜け出して、高虎の陣に転がり込んできた武士があった。高虎とは顔見知りの間柄だと訴えた。高虎の面前に引き出されて、武士は地面にひれ伏した。それをひと目見るなり、

「太夫、金剛太夫殿ではござらぬか」

と高虎は声をあげた。太夫は金剛流の能《のう》の名手で、岳父《がくふ》で師の金春禅曲《こんぱるぜんきょく》とともに大坂城に入って戦っていたのだ。顔見知りといわれても、故太閤の聚楽第《じゅらくてい》での演能で、一、二度顔を合わせたくらいであった。その高虎が、親しげに声をかけてくれたこと

に、太夫はほっとして顔を上げた。

能役者とはいえ、いったん敵方として戦った者を、このまま人目の多い当地に隠し置くこともできない。高虎は太夫に書簡をもたせ、密《ひそ》かに九州の黒田長政《ながまさ》のところに送り届け、庇護《ひご》を頼んだ。

この金剛太夫こそ、のちに能楽シテ方五流のひとつ喜多《きた》流の開祖となる喜多七太夫長能《ながよし》である。京都での創流にあたっても、高虎は物心両面の援助を惜しまなかった。

同じように、津田信澄《のぶずみ》の子信重《のぶしげ》の一件がある。

信澄は信長の弟信行《のぶゆき》の子。高虎は最初の浅井家を出てから転々とし、一時、信澄に仕えていたことがある。本能寺の変のとき、信澄は明智光秀の女婿《むすめむこ》であったため、丹《に》羽《わ》長秀《ながひで》に殺された。信澄の子昌隆《まさたか》は芦尾庄九郎と名前を変え、困窮したまま隠れ住んでいた。それを知った高虎は、徳川家にすすめて二千石の知行をとらせ、名を織田主《もん》水《ど》信重と改めさせ、自分の麾下《きか》に入れた。

わずかの間の奉公の恩に、報いたのである。

## トップに〝エゴ〟を押し通すしたたかさ

　こうみてくると、高虎はいかにも温厚篤実《とくじつ》一点張りのように思えるが、そんなことはない。それだけでは、戦国の世をとても生き抜けない。家康との間の捨て身の駆け引きで、虎と狸《たぬき》の化《ば》かし合いのような話もある。

　高虎はのちの目安箱のような箱をつくって城内の書院に置いた。そのうえで伊賀・伊勢領国の家臣たちに、

「我が死後、殉死を望む者は、姓名を記して箱に入れよ」

と、申し渡した。入れた者は四十余人に及んだ。駿府《すんぷ》に出仕《しゅっし》しているときにも同じ方法を試みた。ここでは三十人ほどになった。

　高虎はこの七十人ばかりの署名をもって、家康の前に伺候《しこう》した。

「高虎の家臣は、このような心がけの者ばかりでございます。先に、私が孫子《そんし》の代まで先陣をと願い出ましたのは、かかる覚悟の家臣を抱えているからできること。とはいえ、高虎が身罷《みまか》りましたときに、これだけの家臣が死ぬのはあまりに忍びない。つきましては、大御所《おおごしょ》様のご意向だとして、殉死を止めたく存じます」

と高虎がいうのを聞いて、家康は、

「よかろう。余が命令といって殉死を差し止めよ」

といい、藤堂家での殉死を禁じた。

さて、ある日、高虎は駿府《すんぷ》城の一室で土井利勝《としかつ》と話し合っていた。襖《ふすま》一つ隔てた上の間には家康がいた。高虎は聞こえよがしの大声で、

「わたしも年を取り申した。息子大学頭《だいがくのかみ》（高次《たかつぐ》）は不肖《ふしょう》にて、大事なる領地を継がせるのは心許ない。わたしが身罷りしのちは、国替えを仰せつけられればよいのだが」

と嘆いてみせた。利勝は、

「これは異なことを仰せられますな」

と小首をかしげ、上の間近くにじり寄り、襖を開けて、

「お聞きになられましたか。和泉守《いずみのかみ》があのようなことを申しております」

と家康に取り次いだ。家康は高虎を招じ入れ、

「いかなることか。くわしくいうてみよ」

との下問《かもん》。高虎はかしこまり、

「伊賀は都に近く、しかも民は勇猛です。船に乗って大和《やまと》川を下れば、夜陰《やいん》のうちに

人知れず大坂に入ることができます。伊勢は近江《おうみ》・山城《やましろ》に近く、これまた、大坂へ兵を送り込むこと易き次第」

といいながら、おもむろに懐から地図を出して広げて見せ、

「かかる地を、不肖《ふしょう》の息子に譲ること、はなはだ心労のきわみと申した次第です」

と言上《ごんじょう》する。家康は眼鏡をかけ、地図をのぞき込みながら、

「なるほど。しかし、かかる大事の地は、和泉守の子孫ならでは守り得まい。代々、伊賀を替わるべからず」

といい、にやりとした。「和泉め、謀《はか》りおったな」といいたかったに違いない。

「ははっ、有り難き幸せ」

とはいつくばりながら、高虎も腹のなかで「してやったり」と、快哉《かいさい》を叫んだ。たとえ家康がこちらの腹のなかを見通したにせよ、代々の藤堂家に伊賀の地を賜るとの言質《げんち》を大御所から取ったのである。しかも利勝を立ち会いにして。高虎のしたたかさの一面である。

# 上杉景勝《うえすぎかげかつ》

## 部下に「敵よりも恐い」と思わす〝スパルタ教育〟

弘治《こうじ》元年(一五五五)生まれ。越後《えちご》上田城主長尾政景《まさかげ》の子。上杉謙信の養子。幼名喜平次。同じ養子の景虎と後継を争い越後の主となる。豊臣五大老の一人。関ヶ原の戦い後は米沢へ流される。元和《げんな》九年(一六二三)没。

### 隠した〝ツメ〟の見せ方

知将といわれる武将のなかには、小さいときから才気走った者もあるが、反対に利口なのかぼんやりだかわからなかったといわれる者も少なくない。とくに、幼少から家臣や女中たちに囲まれ、いわゆるぼんぼんで育った若様のなかに、後者が多いように見受けられる。

景勝の父政景は上杉謙信の姉の夫であったが、謙信に殺された。謙信は政景の領地を二人の重臣に預け、景勝に武将としての器量があるならば、十六歳になったとき、景勝に返すように決めていた。

本来ならば父の敵として謙信を恨《うら》むはずのところが、景勝には少しもそのようなところが見られなかった。それればかりか謙信の信仰する毘沙門《びしゃもん》や八幡大菩薩《はちまんだいぼさつ》の月次祭《つきなみのまつり》には、前日から穀《こく》断ち・塩断ちをして祈った。傅役《もりやく》の重臣が、「なんのためにそこまで成《な》されますか」と尋ねると、

「政景の子としてご成敗《せいばい》になっても仕方がないところを、一命を助けられたばかりでなく、ゆくゆくは心がけ次第で本領をいただけると承っている。もし召し出されるようなことがあれば、身命を投げ打ってご奉公に励み、父の不忠の償《つぐな》いもし、また父の霊の迷いも晴らしたいとの願いを立てている」

と答えた。重臣たちには、景勝が何を考えているかわからず、一面頼りなく思われたが、少し人と変わった才能もあるのかと、

「召し出されて、ご自分の目で、かの人となりをご覧になっては如何ですか」

と、謙信に報告したので、謙信は手元に置いてみることにした。

景勝が奉公に上がった明くる年、十四歳のときのことである。深沢、九鬼《くき》という家臣が掟《おきて》に背いて、謙信をひどく立腹させた。成敗《せいばい》したいと思うが、これまでの功労もあり、それに二人ともかなり腕が立つので、謙信もどうしたものかと思いあぐねていた。そのことを知った景勝は、「私にお任せください」と、密《ひそ》かに申し出た。

「お前ごときに刃の立つ相手ではないわい」

と謙信は許さない。しかし景勝は黙ってその場を退いた。

九月九日重陽《ちょうよう》の日は、家臣が皆登城《とじょう》する決まりになっていた。その日、景勝は二人が席を離れて休息所に入ったのを見計らって近づいた。

「深沢様、目がお悪いそうですね。お館《やかた》様がよい薬をくだされましたので、お差ししましょう」

と仰向けにさせ、いきなり目に胡椒《こしょう》を振りかけた。

「わっ、何をする」と深沢が起きあがろうとするところを脇差しを抜き、「上意《じょうい》!」と、一刺し二刺しで討ち、つづいて九鬼を袈裟《けさ》懸《が》けに一刀で仕留めた。

あまりの素早さに並みいる部将たちは感服し、内心、恐れたという。

## 越後《えちご》武士の体面にこだわる

景勝で目立つのは去就《きょしゅう》の果敢さ、潔《いさぎよ》さである。

謙信の死後、北条氏康《うじやす》の血を引く上杉景虎《かげとら》との後継者争いに勝利した景勝は、謙信の残した北越の立て直しに専心していた。そのような折、秀吉から誼《よしみ》を通じたいとの使いが入った。本能寺《ほんのう》の変の後、明智光秀《あけちみつひで》を葬《ほうむ》り、越前《えちぜん》の柴田勝家《かついえ》を倒して、ほぼ天下を手中にした秀吉だったが、越中《えっちゅう》の佐々成政《さっさなりまさ》に手こずっていた。そこで上杉氏と手を組み、越中を挟《はさ》み撃《う》ちにしようとの目論見《もくろみ》であった。

景勝には、かつて累代《るいだい》の所領である魚津《うおづ》城を取られた成政に対する遺恨があった。しかし、秀吉と手を組んで成政を滅ぼすことを潔《いさぎよ》しとしなかった。自分の手でやり遂げたかったのである。

とはいえ、このまま指をくわえて秀吉のなすがままにしておくのも無念であった。

「いざ、越後武士の弓矢の取り方をご覧に入れ、都への餞別《せんべつ》とせん」

といい、八千の兵を率いて越中に攻め入り、城一つ落として、成政の居城である富山城に肉薄した。しかし、成政は城を固く守って出てこなかったので、景勝は周辺の地域に火を掛け、兵を引いた。そうしておいて秀吉の使者に告げた。

「貴殿の見たままを秀吉殿にお伝えあれ。このように、景勝が越中を従えるは容易なこと。しかしながら、このたびは秀吉殿にお譲りしよう。ご使者のお申し出については、追ってご返答いたす」

明くる天正十三年（一五八五）、秀吉はみずから越中に出兵して佐々を討ち、降伏させた。そのまま秀吉は越後《えちご》に入り、景勝に会見を求めた。このとき、景勝は万一に備えて越後と越中の境の糸魚川《いといがわ》城にいた。

「秀吉を討つならいまですぞ。ご命令さえあれば、殿のお手は煩《わずら》わせません。私めにお任せください」

家臣蜂須賀修理亮《はちすかしゅりのすけ》は逸《はや》り立った。秀吉はわずかの供廻《ともまわり》を連れて蜂須賀の守る落水《おちみず》城に乗り込んできていたのだ。しかし景勝は首を横に振った。

「天下を握ろうともする人物が、わざわざこの遠くまでやってきたのは、それほど上杉との友誼《ゆうぎ》を大切に思ってのことであろうし、わしを信じてのことであろう。それを闇討ちにすれば、景勝が日ごろ大事にしてきた弓矢の道を汚すこととともなる。とにかくも秀吉と会って誼《よしみ》を結ぶか、それが駄目《だめ》なら今回はいったん彼を返し、改めて戦うということにせねばなるまい」

といい、こちらも同じような供廻りで落水城に入り会見した。このとき、両者密議して二時（四時間）余りに及んだという。秀吉はこのような奇抜《きばつ》な手をよく使う。それは相手の人となりをよく研究したうえの行動であったと思われる。

景勝はその後、豊臣政権の中枢となり、会津百二十万石に封じられた。

## 「部下の失策は責めない」というやり方

慶長三年（一五九八）秀吉が没し、つづいて翌年前田利家《としいえ》が死去すると、天下の趨《すう》勢《せい》は徳川家康へと傾き、やがては諸大名から誓書《せいしょ》を差し出させて政務を取り仕切るようになっていった。そういうなか、景勝は大坂を離れ、領国の会津に引き揚げてしまった。家康に臣礼をとるのを潔《いさぎよ》しとしなかったとも、国元に政治向きの用があったとも伝えられる。

会津に戻った景勝は、もっぱら道路の建設や城塁《じょうるい》の修復など国内整備に力を注いだ。それを、謀反《むほん》の準備だと家康に密告する者がいた。家康は弁明を求めて、景勝に詰問《きつもん》状《じょう》を送った。景勝はそれを無視した。謂《いわ》れのない中傷をもとにした詰問状に返答の必要はないというのが景勝の立場であった。

家康はさらに景勝の上京を求め、従わなければ追討の軍を送ると脅《おど》しをかけてきた。

このたびは会津から家康のもとに返書が届いた。しかし、それは景勝のものではなく、重臣の直江《なおえ》兼続《かねつぐ》の書いたものであった。それには、

「わたしは、一昨年越後から会津に移り、国内の安定も図《はか》れぬうちに太閤の葬儀のた

め上洛《じょうらく》して、ようやく戻ったばかりである。わずか四ヵ月でまた上洛せよというが、それならばいつ、国の政《まつりごと》をせよというのか。武器を集めるのが悪いということだが、上方の武士が茶碗や炭取り（茶道具）を集めるように、こちらでは槍や鉄砲・弓矢を集めるのが趣味なのだ」

といった内容であった。この書簡は『直江状』といって後々まで有名になっている。この書状は、当然のことながら家康を激怒させた。直ちに景勝討伐が発令され、家康みずから会津に向かった。しかし、これに呼応するように石田三成が関ヶ原に兵を挙げ、家康は下野《しもつけ》の小山で軍を返し、江戸に戻って、上方に向かった。

景勝は、徳川の先鋒を那須《なす》に破り、北方の最上義光《もがみよしあき》と東方の伊達政宗《だてまさむね》との間でわずかに矛《ほこ》を交えただけであった。

しかし、この戦いは景勝にとって大きな代償をもたらした。関ヶ原の戦い後、景勝は九十万石を没収され、米沢三十万石のみが残された。これはかつて直江兼続が秀吉から直接くだされた所領であった。すべては兼続の挑発的な返書からであった。直江状が、景勝と合議のうえ書かれたものかどうかはわからない。しかし主家の存亡を担う上席家老として、兼続の責任は普通なら切腹ものである。だが景勝は兼続を責めなかった。

「これは上杉の武運が衰えたということだ。いまさら減封に驚くことはない」

と、恬淡《てんたん》としていたという。

## 「鉄の組織」を生み出す将としての〝あり方〟

景勝は生来《せいらい》あまりしゃべらず、喜怒哀楽《きどあいらく》を顔に出さなかった人らしい。したがって家臣は、主君を敬うというよりは、恐れているように見えたという証言がある。

大坂冬の陣のときのことである。景勝は早くから城に向かって突き進んでいった。家康の側近のひとりがやってきて、

「このまますぐに城攻めに入れば、疲れ、死傷する者も多いであろうから、後陣の堀尾山城守《やましろのかみ》殿と替わられよとの仰せである」

と告げた。景勝は終わりまでもいわせず、

「弓矢の先陣を争うには一寸刻みということもある。今朝から激しい戦いをしてきて、いまさら人に譲って退くなど、できるものではない」

と、動こうとしなかった。

僚友の丹羽長重《にわながしげ》が様子を見に景勝の陣に行ってみると、景勝は床几《しょうぎ》にもたれ、城をはったと睨《にら》みつけて、具足も付けずに青竹を杖に突っ立っていたという。左右には三百ばかりの兵が槍を横たえて跪《ひざまず》き、間に上杉の軍旗である紺地に日の丸の旗と「毘」の文字の旗、浅黄色《あさぎいろ》の扇の馬印を押し立て静まりかえって、誰も長重の方など見向きもしない。兵士たちの整然とした様子に、「あの者たちは、敵より景勝を恐れているようであった」と、長重は感嘆した。

またあるとき、駿河の富士川を渡ろうとして舟に乗ったが、人が多すぎて中流でほとんど沈まんばかりになった。景勝は怒って舳先《へさき》に立ち鞭《むち》を挙げて一振りすると、皆一斉《いっせい》に水に飛び込んで、泳いで渡った、という目撃談も残されている。

上杉軍の勇敢な行動は、このような厳しい規律のうえに成り立っていたのであった。

# 第七章

# 「自分を活かす道」を見出した男たち

# 黒田如水《くろだじょすい》——強者を動かす「扇動者」としての生き方

天文《てんぶん》十五年(一五四六)生まれ。姫路城主小寺職隆《こでらもとたか》の子。名は官兵衛《かんべえ》孝高《よしたか》、号は如水。秀吉に仕えたが際立った才知に警戒された。豊前《ぶぜん》中津藩主。関ヶ原の戦いでは両陣営からの誘いに動かなかった。慶長九年(一六〇四)没。

## トップの尻の叩き方

天正《てんしょう》十年(一五八二)六月二日朝、本能寺の変が起こった。それからわずか九日後に備中《びっちゅう》高松城を攻めていた秀吉が京都へとって返し、信長の仇《あだ》を討ったことは、「中国大返し」といわれて、秀吉の天下取りの口切りとなった。

その成功の大半は如水にあったといってもいい。

京都から変を知らせる急飛脚《ひきゃく》が如水のもとに着いたのが三日の夜中。如水は飛脚に口止めすると、密《ひそ》かに秀吉に手紙を披露《ひろう》した。秀吉は動転して言葉もない。すると、如水は秀吉の近くまですり寄り、とんとんとその膝を叩《たた》きながら、

「いよいよ君のご運も開けましたな」

と囁《ささや》いたという。これを聞いた秀吉は自分の心中を見すかされたように感じ、以後、如水に心を許さなかったと伝えられるが、真偽《しんぎ》のほどは明らかではない。

秀吉は信長の死を隠して毛利との和睦《わぼく》をととのえ、備中高松城の開城を見届けず、六日には高松を引き払っている。すべてが如水の采配であった。

七日、姫路に入った秀吉は、城で兵を一日休ませるつもりだった。しかし如水はそれを許さなかった。

「一刻も早く、上洛《じょうらく》なさるべきです。いったん、馬を休ませれば、出立《しゅったつ》が遅れるのは人情です。諸氏がみずからの進退を決めかねている間に、先手を打たなければなりません」

といい、

「姫路城下へ立ち寄った者は斬る」

との布告を出した。

その一方で、如水は事前に姫路の町衆《まちしゅう》に使いを出し、境の河原に粥《かゆ》の支度《したく》をして、通りかかった軍兵どもをもてなすよう申しつけた。兵士たちはここで腹ごしらえを整え、一気に京の山崎へと向かった。

## 「目先の勝利」より〝最後の笑い〟を選ぶ

天正十五年（一五八七）、秀吉は九州を平定した。如水はその戦いでの功績により、豊前《ぶぜん》国のうち六郡十二万三千石を与えられる。ここでは、頻発《ひんぱつ》する国一揆《くにいっき》に悩まされた。なかでも、鎌倉時代からの御家人を誇る城井谷《きいだに》の宇都宮鎮房《うつのみやしげふさ》の抵抗には手を焼いた。

如水はあえて鎮圧を急ごうとはしなかったが、息子の長政《ながまさ》が焦《あせ》った。長政は最初こそ勝ち戦さであったものの、たちまち谷の奥へと誘い込まれ、惨敗した。如水はこの様子を居城の馬の岳城から眺めて笑っていた。

「長政様が危のうございます。すぐご出陣を」

と、家臣たちは口々にいったが、如水は動こうとしない。

「逸《はや》るな。最後の一団となってしずしずと引き揚げてくるのは長政であろう。危なげもない」

と落ち着いている。

如水のいうとおり長政は無事引き揚げてきたが、負け戦さを悔《くや》しがって引き籠もり、布団をかぶって寝てしまった。

如水は長政の腹心を呼び、

「弱い敵を恐れる謙虚《けんきょ》さが必要だ。初めの勝利で勝ちとせねばならぬ。勝ちに乗じて深追いすれば、必ず破れを招く」

と、長政に伝えさせた。長政は、「面目ない」といって、父の前に姿を見せない。如水は、

「次の戦さでは奴《やつ》は死ぬ気でおるな」と思い、老巧の者たちを長政につけ、「先走った下知《げち》を押さえるよう」と申しつけた。

先日の勝ちに気をよくした一揆《いっき》勢が長政の元に押し寄せた。長政はこのたびは山の上に待ち受け、敵を十分引きつけておいて、馬の足場のよいところへ一気に打って出た。一揆勢はたちまち蹴散らされ右往左往して敗走する。長政がさらに追い打ちをかけようとするところを、老臣たちが馬から飛び下りて押さえた。

明くる日、長政と対面した如水が諭《さと》した。

「若い者は懲《こ》りてみないと、なかなか考えが及ばぬものだ。最後に勝つにはどうすべきかを熟慮せよ。ただ勝とう勝とうとするだけでは負けをとる。優れた将は、ともす

ると鈍い動きを見せるときもあるが、軽率な戦さはせぬために、最後には勝利を手にするものよ」

それでもなお、長政は力ずくで宇都宮氏を屈服させようとしていた。如水はやむなく諸処に要害を設け、敵の兵糧の道を塞《ふさ》ぎ、勝ち戦さの条件を整えておいて、馬の岳城に引き揚げた。

## 単なる吝嗇《りんしょく》か、来るべき時に備えた倹約か

如水は大変な倹約家であった。というよりは外見にはケチで金に汚くみえた。瓜の穫《と》れる時分、家中や町人からたくさんの献上を受けた。如水は小姓や小坊主などを呼び寄せ、

「そなたたち、思う存分に食え」

と、与えた。そうしておいて、皮をむく者に、「できるだけ厚くむくように」と命じた。

「それでは、小さな瓜は、食べるところがなくなってしまいます」

と、むき役がいうと、

「よい。足りない者には幾つでも食わせよ」

といい、その皮を台所の賄《まかな》い人にいいつけて塩漬けにさせた。

「台所で働く下人《げにん》たちには、菜もなく塩ばかりで飯を食する者も多いだろう。その者たちに与えよ。何事によらず、茄子《なす》でも野菜の切りくずでも、魚の骨にいたるまで捨てず、工夫して使い、菜のない者に食わせるよう」

とのことであった。

また、奉書《ほうしよ》などの折り紙や包み紙を入れる革籠《かわかご》を張るのに、職人たちにはさせず、小姓や馬廻り役の者にさせた。革の端《はし》を食い裂いて、口のなかに溜まったのを板に吸いつけさせる。それを少しも落とさぬように集めて、壁土のつなぎにしたという。

万事がこのようであったから、如水の金蔵には金銀がうなっていたという。

さて、秀吉の死後、慶長五年（一六〇〇）、関ヶ原の戦いが起こった。

このとき、黒田家では長政がすでに徳川方に与《くみ》していた。如水はわずかな家臣たちとともに豊前《ぶぜん》中津城にいた。

その如水のもとに石田三成《みつなり》から大坂方につくようにとの密書が届いた。如水は、太閤から受けた厚恩に報いる気持ちは大きいが、自分はまず九州を手中にして、そのあと東征の戦さに参加できるようであれば参じましょうと答え、国を離れなかった。

そうしておいて、ただちに軍令を発し、諸国の浪人どもを集めにかかった。

家臣たちは、如水にいわれるまま、城の大広間に金銀をうずたかく積み上げ、はせ参じた浪人たちに分け与えた。数百人の浪人のなかには、金を二重に受け取る者もいた。

「けしからぬことにございます」

奉行の一人が見とがめて如水に報告した。すると如水は、

「当家の先手として槍を突こうとする者が、さもしい振る舞いをするはずはあるまい。もし、あるとすれば、長い浪々《ろうろう》の末、出陣の用意もしかねて、心ならずも取ったのであろう。よいよい。わしが年来、無駄を省いて金銀を貯え置いたのは、戦さの備えのためだ。二重に金子を取られたとしても、あながち浪費とはなるまい。ともあれ広く手を回して、一人でも多く集めよ」

と、命じた。このとき集まった浪人は九千人にものぼったという。

如水は、それらの手勢をもって西軍に属する九州の諸城を手中に収めた。こうして時間稼《かせ》ぎをしておいて、あわよくば、東西の戦いの隙を衝《つ》いて、天下取りに挑もうと

していたという説もある。残念ながら、関ヶ原の戦いはたった一日で終わり、如水の野望は潰《つい》えたというのである。如水は根っからの吝《しわ》ん坊《ぼう》ではなかったのである。

## 如水が我が子に残した最後の教え

如水は死ぬ一ヵ月前あたりから急に気むずかしくなった。やたらに家臣どもを罵倒《ばとう》し辱《はずかし》める。ほとんど乱心とも思えるほどの変わりようだ。

とくに諫言《かんげん》するような人もないので、家臣たちは長政にいいつけた。長政はこれを受け、

「家来どもがみな恐れています。少しはお気持ちを広くおもちください」

と、如水にいった。すると、如水が、「耳をかせ」というので、長政は父の顔近くに耳を寄せると、如水は、

「これは誰のためでもない。お前のためだ」

と囁《ささや》いた。

これは、家来どもの心が如水を離れて、早く、子の長政に集まるための策謀だというのだ。

死に臨み、如水は長政に形見分けをした。それがなんと、草履《ぞうり》と木履《きぐつ》が片一方ずつ、それに塗り物の輪っぱ(曲木製の食物容器)が一つきりであった。驚く長政に如水はいった。

「戦さは生死を賭《か》けるものであるから、分別が過ぎると大きな合戦はできない。草履と木履と片方ずつで二つながらどこか欠けるようでなければ、大事に臨んで思い切ったことができない。お前は利口《りこう》で先が見えすぎるきらいがある。武士としてはたいした者にはなるまい。

この輪っぱは飯入れである。貴人であろうと賤《いや》しかろうと、兵糧がなければ何事もできない。いらざることに金銀を浪費して損をするより、兵糧を貯えて戦さの用意をつねに心がけよ、との戒めである」

# 福島正則《ふくしままさのり》──現場でこそ力を発揮する〝叩き上げ〟の職人

永禄《えいろく》四年（一五六一）尾張国生まれ。幼名市松。福島正光の養嗣子《ようしし》、桶屋の倅《せがれ》とも。秀吉子飼いの賤《しず》ヶ岳《たけ》七本槍の筆頭。関ヶ原の戦いでは東軍に属す。広島城無断修築で改易、寛永元年（一六二四）信濃《しなの》国高井野村で没。

## 良くも悪くも〝一直線〟

正則は賤ヶ岳七本槍のメンバーのなかでも最も直情径行《ちょくじょうけいこう》、思い立ったら周囲の思惑《おもわく》も顧みず、一直線に突っ走ってしまうタイプであったようだ。

関ヶ原の戦いのときである。石田三成《みつなり》と不仲だった正則は東軍に所属していた。敗れた西軍の薩摩の島津義弘《よしひろ》が、数万を数える東軍の中央突破を試み、しゃにむに駆け抜けた。不意のこととて東軍の先手は慌《あわ》てふためき、逃げ出しそうな気配を見せた。

このとき、正則はただ一騎で、島津に打ちかからんとばかり馬を進ませた。前後を守る従卒たちが鞍《くら》に取りつき、止めようとするが正則はきかない。

「わからず者めらが。武士の墓所は戦場にあるぞ」

と叫び、なおも追いすがろうとする。家臣たちも駆けつけて、

「我らとて臆《おく》したわけではありません。駆けるべきところは駆け、引くべきところは引いて、臨機応変に対処するのが良将というものです」

「これほどの大勝利に、はや死に体《たい》の敵を相手に命を捨てて、なんの誉れがありましょうや」

などと口々にいいつのり、大勢で馬を押さえて引き戻した。正則もこれにはさすがに逆《さか》らえず、ぎりぎり歯ぎしりしながら戻された。しかし、それでも「敵に後ろを見せじ」とばかり、馬上で身体をねじり直して、後ろ向きのまま退いたという。

また、この戦いが終わったときの話である。

正則は京に上り、混乱を収拾して、家康の滞陣《たいじん》する近江草津《おうみくさつ》に戻ってきた。正則の家臣の佐久間佐左衛門という者が、残る用事をすませ、正則より遅れて草津へ向かった。日ノ岡（京都山科《やましな》）という関を家康の家臣伊奈今成の手の者が守っていた。

佐左衛門と関守《せきもり》の番兵たちとの間にトラブルがあり、佐左衛門は相手を斬り殺そうとした。が、まずは主君への報告をすませ、暇《いとま》を告げて、そのあとで引き返し決着をつけようと先を急ぎ、その旨を正則に告げた。

正則は大いに腹を立て、しばらく考えた後、

「恥を忍んで立ち返り、暇を取ってから多勢を相手に斬り死にせんとするのは見上げた心がけだ。わしに考えがある。ついてまいれ」

と、佐左衛門を連れて京へ上り、「その方、必ずや死ぬ覚悟でおるか」という。

「申すまでもございません」と、佐左衛門は答えた。

「しからばここで腹を切れ。正則、この身に替えても伊奈が首を取って手向《たむ》けようぞ」

と、正則は佐左衛門に腹を切らせ、その首を佐左衛門の郎党にもたせて今成のもとへ持参させた。今成は少しも知らないことであったが、徳川の重臣たちに相談し、関番の者六人の首を切って、正則のところに送り届けた。これが正則を激怒させた。

「世の中には、貴賤《きせん》というものがある。正則の部将の首に対し、足軽の首とは何事ぞ。不肖《ふしょう》正則、徳川殿に味方して先手を承り、ご助力できたのは我一人の功ではない。我が家子郎党《いえのころうとう》たちの命を捨てての働きのゆえだ。それなのにいま、正則の臣と足軽を同等に扱われては天下に笑いものとなる。欲しいのは首の数ではない」

と、六つの首を突っ返した。

徳川の重臣どもは驚いた。それならば、今成の家臣のうち上の者の首を差し出させ

よう、伊奈とは仲直りしてくれと頼んだ。しかし正則は、

「家臣どもに頼り甲斐《がい》なく思われ、そのうえばかげた戦さをはじめるわけにもいかず。こうとなっては、徳川殿にも疎《うと》まれましょう。もはや御前に伺候《しこう》することもありますまい」

といって、引き籠もってしまった。これを耳にした家康が、

「正則の言い分にも一理ある。何にしても伊奈の計らいが宜《よろ》しくない」

と怒ったのを聞き、とうとう今成は切腹してしまった。

少々理不尽《りふじん》な結末にも思えるが、正則が家臣の名誉、ひいてはおのれの名誉を第一に考えての一途さが見て取れる。

## 金よりプライドを重んじる生き方

こう見てきて、正則が武辺一点張りであったかといえば、そのようなことはない。

正則は秀吉の時代に尾張清洲《おわりきよす》城二十四万石を与えられていたが、関ヶ原の戦い後、安芸《あき》・備後《びんご》に転封《てんぽう》となった。

正則がまだ市松といわれていた少年時代、清洲城に近い甚目寺《じもくじ》というところで職人

たちの飯運びのようなことをしていた。わずかな賃銭《ちんせん》で雇われ、食うにも事欠くような生活をしていた。そのとき、釈迦堂《しやかどう》に住む老尼が食事や茶などを与え、休ませてくれた。正則はそのことを忘れず、一城の主になってからもなにかと面倒をみていた。

さて、広島の方に引き移るとなって、老尼の行く末が心配になった。正則は土地の名士たちに、

「わしがいなくなって、尼様はさぞかし心細く思うであろう。貴殿たちが尼様に目をかけてくだされば、このうえうれしいことはない。よろしくお頼み申す」

と頭を下げた。人々は快く承諾し、毎年、老尼に米を贈ったという。

大坂の陣後、正則は息子忠勝《ただかつ》を広島に残して、江戸詰めを命じられた。関東の酒は不味《まず》いというのでわざわざ大坂から船で取り寄せた。ある年、船が大時化《しけ》に遭い、八丈島に流れ着いた。風波は四、五日もつづき、船が出せない。上乗り役の武士は、退屈なままに島に上がってぶらついていた。すると、年のころ四十ばかりと見える背の高い痩《や》せて黒ずんだ男が出てきて訊ねた。

「ここへ何しに参った」

「我らは福島正則の家来だが、大坂表から主人の飲む酒を運ぶ途中、嵐に遭ってここ

へ流れ着いたのだ」

と答えると、

「済《す》まぬが、酒を少し分けてもらえぬか。一杯傾けて憂さを散じ、故郷恋しさを忘れたい」

とのこと、さては流人《るにん》かと気がついて、

「いったい、どのような罪で来たのか」

と尋ねた。すると相手は、

「何を隠そう。わしは宇喜多《うきた》中納言秀家《ひでいえ》の成《な》れの果《はて》だ」

という。秀家は関ヶ原の戦いに西軍に属して敗れ、死一等を減じて八丈島に流されていたのだ。武士は驚き、

「そのようなお方とは存ぜず、失礼の段、ひらにお許しくだされ。酒なれば、お安きご用でござる」

と答えて船に戻ったが、「さて、どうしたものか」と悩んだ。たくさんの樽《たる》から少しずつ抜き出せば樽数は変わらないが、ほかならぬ宇喜多様のお望みである。世が世ならば、自分たちなど目通りもかなわぬ相手だ。主人のお叱りを恐れてわずかばかり

の酒を贈るのもいさぎよくない、と考えに考えた末、一樽ともち合わせの干魚《ほしうお》を少々贈った。

さて、凪も収まり、無事江戸に着いた武士たちは、酒を台所方に渡し、八丈島の一件を目付役に報告した。これを聞いた正則は、すぐさまその武士をここへ呼び出せという。もともと気の荒い正則のこととて、当人はもちろん、役人たちも切腹を覚悟であった。ところが正則は、

「ようやった。船の酒すべてを失おうと、わしには何の痛みもない。わしに諮《はか》るすべもないままに一樽贈るとは見上げた心がけだ。わしの怒りを恐れて与えず、正則がけちなので家来まで情け知らずだと秀家に蔑《さげす》まれる方がよほど無念だ。また、多くの樽のなかから抜き取れば、わしにはさらにわからない。また、船が沈みそうになったので樽を捨てたといえば済むところを、ありのままに申し述べるとは律儀《りちぎ》なやつじゃ」

といって、上機嫌であったという。

## 事を為したら、静かに蔵に収まる潔さ

正則の晩年は、前半生の華《はな》やかさに比べて暗いものがあった。それでも家康の生きていた間は、豊臣時代の僚友《りょうゆう》として、また関ヶ原の戦い以来の味方ということもあって、それなりの待遇を得ていた。しかし、元和《げんな》二年（一六一六）家康が没すると、徳川幕府は露骨に旧豊臣の勢力を排除する方針をとった。正則の場合は広島城修復に関する条例違反である。

元和三年、中国地方に大暴風雨が襲い、水害で広島城の石垣が崩れた。広島藩では修復を幕府に申し出たがなかなか許可が下りない。待ちかねた広島藩は無許可のまま修理に手をつけた。当時、正則は江戸におり、藩主は忠勝であった。幕府は、好機到るとばかりに、広島藩の取り潰しにかかった。安芸《あき》・備後《びんご》四十九万八千石を没収、津軽《つがる》四万五千石に移すというのであった。

正則はおとなしくこれを承ったが、

「大御所御在世であれば、正則も申し上げたき義もあれど、御当代では何事も申すことなし」

と漏らした。秀忠はこれを聞き、

「津軽は余りにも辺境の地、老いの身に寒さはこたえよう」

といって、信濃《しなの》川中島に変更させた。この仕置きに正則の家臣たちは激高し、

「あれほどまでに徳川のため武功を挙げられたのに、何という御仕打ち」

と、徹底抗戦をも辞さない雲行きであった。正則はこれを押さえ、

「弓を見よ。敵のあるときは重宝《ちょうほう》がられるが、国が治まれば袋に入れて土蔵行きとなる。わしは弓だ。乱世の用物だ。治世のいまは川中島の土蔵に入れられる」

と、静かにほほえんだ。

ある人が、

「このような世の中では、人の心がますます欲深く悪くなりますな」

というのに正則は答えた。

「いや、そうとばかりもいえまい。また何か事あれば、人の心がきれいになるときもある。昔から、人の心が悪くなる悪くなるといっているわりには、いまにいたってもひどく悪くはなっていない。そのようなものよ」

終わりのころは、どこか達観《たっかん》の域にあったように思われる。

# 加《か》藤《とう》清《きよ》正《まさ》――人相術を利用し、徹底して〝強面〟を作り上げる

永禄《えいろく》五年（一五六二）尾張《おわり》中村生まれ。幼少で父を亡くし秀吉夫妻に託される。幼名虎之助。賤《しず》ヶ岳《たけ》七本槍の一人。『虎退治』『地震加藤』『名古屋城築城』など逸話が多い。肥後《ひご》熊本城主。慶長十六年（一六一一）没。

## 人を雇う際の〝勘所《かんどころ》〟

人を雇うというのは、昔もいまも難儀なことである。何を基準に判断し、どう使い込むかが、ひとえに経営の将来にかかっている。

あるとき、加藤家への仕官を望んで、三人の浪人が家老庄林隼人《はやと》のもとへやってきた。一人は立身出世を望んでいた。もう一人は、年もとったのでとくに望みはないが、少ない扶持《ふち》で心安らかに一生を送りたいという。残る一人は、年も若く機転もきいて、いかにも役に立ちそうに見えた。隼人から報告を受けた清正は、最初の者は、

「立身出世を望むには、それだけの覚悟を抱いてやってきたのであろう。召し抱えるがよい」

といい、二番目の者は、

「その年寄りの者が、たびたびよい働きをしたことを、わしも存知おる。この先なんの望みもなく、安穏《あんのん》に茶でも飲みながら暮らそうと当家をその終《つい》の棲家《すみか》と定めたのは、ことのほか大様《おおよう》な者よ。人は死ぬまで望みある者こそ頼もしい。望みのない者ではなんの用にもたつまいが、若い者たちの手本にもなろう。抱えおけ」

といい、残る一人については、

「隼人は役に立ちそうというが、それはよろしくない。役に立ちそうだと皆がいうので抱えるというのであれば、当家の若者たちは役立たずに聞こえ、彼らはその方を恨《うら》むかもしれぬ。わしは我が家の若者たちは皆、用に立つ者と思っている。

先の老いたるを抱えよと申したのは、若いときに用立った者は年を取り衰えても禄を与えて養うということの示しであり、若い者たちがこれを見、あるいは聞き及び、武道に励み忠勤を尽くすためのものだ。

その方のような立場の者は、その一言で皆が一喜《いっき》一憂《いちゆう》するものだ。よく考えて物を申せよ」

といった。

人を採用するにあたっては、当人ばかりではなく、職場での折り合いなど周囲のことも考えてせよ、ということであったろう。

## 部下をその気にさせる"気働き"

もう一つ、清正の人使いの巧さの例をあげてみよう。

やはり庄林隼人にまつわる話である。

清正は痔疾《じしつ》を患《わずら》っていたのか、長雪隠《ながせっちん》で有名であった。清正はいつも足駄《あしだ》をはいて便所に入った。汚れがつくのを嫌ってのことらしい。

その夜、清正が足駄をとんとんと幾度も鳴らした。外に控えていた小姓どもが何事かと囁《ささ》やき合っていると、

「思い出したことがある。急ぎ隼人を呼べ」

という。

もう夜中であるし、隼人は風邪気味で臥《ふ》せっていたが、主君からの急の呼び出しとあって、供を連れ、乱れ髪のまま駆けつけた。清正はまだ雪隠のなかであった。

「その方を呼び出したのは外《ほか》でもない。その方の家臣に年のころ二十歳ばかり、いつ

も茜染《あかね》めの袖無し羽織を着ている者がおったな。名をなんと申す?」

となかから清正が聞いた。

「出来助と申して、なかなか気の利《き》く者なので、草履取りに使っております」

と、隼人が答えると、

「いつぞや芝居見物のおりにその方が連れておったな。奴が小用をたすのを見ると、肌に鎖帷子《くさりかたびら》を着、脚絆《きゃはん》の代わりに脛当《すねあ》てをつけておる。天下太平となり、人は皆平服になって武器の用意もおろそかになりがちというに、下級の者にしてはめずらしく心がけのよい者と思うた。その方に尋ねてみようと思いながら、いつの間にか忘れておった。今夜ここで能《のう》の足踏みをしてみて、かの小者のことを思い出し、このたびは間をおかず彼の者に褒美《ほうび》を遣わさねばと、火急にその方を呼び出した。

つらつら思うに、人の生死、世の動き、天地の変わり目、おのが身がどうなるか、いずれも明日をも知れないものだ。このように考えているうちにも、わしが死ぬか、その方が死ぬか、どちらが欠けてもこの恩賞はなるまい。ふと、そう思って、夜分ながらその方を呼んだのだ。今夜は大儀であった。帰って出来助に今夜のことを伝え、それなりに取り立てて遣《つか》わせ。ただ、朋輩の妬《ねた》みもあろうので、過ぎた知行などするでない」

と清正はいい、隼人には熱い酒などでもてなして返した。

隼人は出来助にその夜の話を詳しく聞かせ、六十石で近習《きんじゅう》に取り立てた。出来助が感涙して、さらなる忠勤に励んだのはもちろんである。

のちのちのことだが、飯田覚兵衛という大将格の者がいったという。

「わしは生涯、殿に騙《だま》されたわい。初めて戦さに出たとき、功名を挙げはしたが、仲間が多勢鉄砲玉に当たって倒れるのを見て、危ないことよ、もはや武士として仕えるのは止めようと思った。ところが、帰ってくると、はやばやと、今日の戦いぶりは大したものであるといって刀を賜わった。このように、戦さが終わるごとに、もうこれまでと後悔するのだが、殿はときを移さず、やれ陣羽織だ、感状だと下され、人々も羨《うらや》み褒《ほ》めたてる。つい、それに惹《ひ》かれて旗本よ、侍《さむらい》大将よとおだてあげられ、本意を失った」

そして清正が死んだのちは京に引き籠もり、再び主に仕えることはなかった。覚兵衛は「酒は飲め飲め飲むならば……」の「黒田節」のモデルになった勇者と伝えられている。

## あえて「鬼上官」のイメージを演出する

清正はこの時代、最も家臣に慕われていた武将といわれ、心のやさしさを物語る逸話《いつわ》にも事欠かないのだが、なぜか恐ろしげな猛将のイメージが定着している。

七年間も戦った文禄《ぶんろく》・慶長《けいちょう》の役では、現地朝鮮の地で、泣く子も黙《だま》る「鬼上官」と恐れられていたといい、「虎退治」の話も伝えられている。江戸時代初頭に記されたものには、「身の丈ゆうに六尺（約二メートル）を越え、顔は戦場焼けのためか褐色に輝き、口や顎《あご》のあたり一面、黒々と髭《ひげ》に覆われている。腰には三尺五寸の大刀をたばさみ、跨《また》がっている馬は六尺……」とある。このころの日本馬は、せいぜい四尺であった。しかも、清正は実際には色白の小太りで、顔は大きいが目が張って鼻が高いという容貌、さほど恐ろしげとはいえまい。

思うに、清正のイメージは、口から顎にかけての髭にあったのではなかろうか。髭については、人から、「見るからに見苦しい。髭を剃《そ》り落としたらさっぱりするであろうに」と、いわれたところ、

「髭が多いと、兜《かぶと》の緒《お》を締めるときに面の皮が痛まない。また、締めたときの快感も

忘れ難い。明《みん》・朝鮮にまで知れ渡り、故秀吉公のお褒《ほ》めにも与《あず》かった髭なので、剃《そ》るわけにはまいらぬ」

と、答えている。このようにさりげない返事であったが、実は清正は容貌が他人に与える印象を、かなり気にかけていたふしがある。

「司法の役人のいうところによると、訴訟の場では、なるべく相手の顔を見ないようにしている。顔のよい者の声はやさしげに聞こえる。醜《みにく》い者の言葉は憎々《にくにく》しげに聞こえる。また、肝《きも》の小さき者の目は落ち着かず、こちらの判断を誤らせがちであるとのことだ。じゃによって、わしは人相術を学ぶことにした」

と、語ったことがある。清正の髭は、その人相術の結果かもしれない。とすれば、清正はどういうイメージを他人に与えたかったのであろうか。

## 伊達《だて》政宗《まさむね》――「クビにするならしてみろ」という開き直りを逆利用

永禄《えいろく》十年(一五六七)生まれ。米沢城主伊達輝宗《てるむね》の子。幼名梵天丸《ぼんてんまる》。東北の近隣諸国を制し独眼竜《どくがんりゅう》政宗の勇名をほしいままにする。秀吉に従い、のち家康に仕えて六十二万石、仙台城主となる。寛永十三年(一六三六)没。

### 父の命より国をとる

政宗は幼少のころ疱瘡《ほうそう》を患い、膿《うみ》が右目に入って失明、隻眼《せきがん》となった。そのためか内気で気弱げに見えた。周りの者たちは大将としての将来を危ぶんだが、傅役《もりやく》の片倉小十郎だけは政宗の非凡さを信じて疑わなかったという。小十郎は生涯、政宗の最高の補佐役となって仕えた。

小十郎が見抜いたとおり、政宗は成長するにつれて、的確な判断と果敢な決断力を身につけていった。

政宗が家督を継いだのは天正十二年(一五八四)、十八歳のときである。このころ、奥羽地方は突出した力をもつ国がなく、小国が乱立して互いに土地の奪い合いを繰り返していた。天正十三年、政宗は父輝宗とともに会津の名族芦名《あしな》氏の内訌《ないこう》に乗じてこれを攻めた。ついでに安達《あだち》郡小浜《おばま》城の大内定綱《さだつな》を討ち、会津に奔《はし》らせた。大内氏は元は伊達氏に属していたが、定綱の代になって芦名氏に鞍替《くらが》えしていた。大内氏に味方した二本松城主畠山義継《はたけやまよしつぐ》は伊達の軍門に降った。

戦闘が一段落したと見たのだろう、その日、政宗は側近を連れて鷹《たか》狩りに出ていた。二本松の畠山義継は和睦の挨拶と称して伊達の陣中にやってきた。輝宗がこれを迎える。対面が終わり、輝宗は義継を送って出た。と突然、義継の家臣十人余りがぱらぱらと輝宗を取り囲み、拉致《らち》に及んだ。輝宗の側近たちが慌《あわ》てて追いかけたが、一行ははや阿武隈《あぶくま》川の岸近い高田原に差しかかっていた。

「我にかまうな。義継を撃て。伊達の名を辱《はずかし》めるな」

敵に囲まれながら輝宗が叫んだ。

そこへ急を聞いて政宗が馬で駆けつけた。敵はいまや川を渡ろうとしていた。川の向こうは二本松である。川を渡らせてはいけない。一寸たじろいだのち、政宗は叫んだ。

「撃て！　怯《ひる》むな」

一斉《いっせい》に銃声がとどろいた。撃ちまくられた二本松勢は、川を渡ることができない。「おのれ、親を見捨てるか」と罵《ののし》って義継は輝宗を刺し殺して己《おの》れも自害して果てた。父を見殺しにせざるをえなかった政宗は怒り狂い、直ちにその場に到達して二本松勢を皆殺しにし、義継の遺体を磔《はりつけ》にした。

情に溺れていては一国を守れないのが、戦国の世の中であった。

## 究極の選択——泣いて馬謖《ばしょく》を斬れるかどうか

政宗の非情さはこのときばかりではない。

天正十八年（一五九〇）三月、政宗は豊臣秀吉の招きに応じて、小田原城の後詰《ごづ》めに出発しようとしていた。そのころ政宗は芦名《あしな》氏を追い落とし、会津の黒川城（会津若松市）を居城としていた。

出立《しゅったつ》を前に、政宗はしばらく無沙汰にしていた母保春院（義姫《よしひめ》）の招きを受け、城内の西館に赴いた。保春院手づくりの料理で手厚い供応を受け、久方ぶりに歓談していた政宗は、突如立ち上がって部屋を出た。いいようのない激しい腹痛に襲われたのだ。急いでその場を去り、解毒剤《げどくざい》を服用して一命を取りとめた。毒を盛られたのは明らかだった。それも実の母親にである。

保春院は、もともと長男の政宗を愛さず、弟の小次郎を溺愛《できあい》していた。できることなら小次郎を跡継ぎにしたかった。その歪《ゆが》んだ母心を利用したのが、保春院の兄で山形城主の最上義光《もがみよしあき》である。戦国時代、とくに東北諸国の婚姻はすべて政治がらみといってよく、義光は初めから伊達を乗っ取る目論見《もくろみ》で妹を送り込んだ節《ふし》がある。

政宗は悩んだ。たった一人の弟である。小次郎にはなんの罪もない。

「しかし、母をこの手にかけることはできない」と政宗は側近に漏らし、みずからの手で小次郎を斬った。それが家臣たちへのけじめというものである。「孔明《こうめい》（中国蜀漢《しょくかん》の宰相）が、泣いて馬謖《ばしょく》（失敗した部将）を斬る思いも、こうであったか」と政宗は小次郎のため、密《ひそ》かに涙を流した。

## 窮地にあって、なおもこの図太さ

このようなことがあって、政宗は小田原への参戦の機をさらに逸した。さらにというのは、前々から秀吉は政宗の上京を促《うなが》していた。天正十六年には、京都の公家《くげ》筋や徳川家康、前田利家《としいえ》などがさかんに勧《すす》めてきていた。しかし、政宗は秀吉と北条氏の力を天秤《てんびん》にかけ、決しかねていた。その間にもせっせと近隣諸国を切り取っている。十七年には芦名氏と再度戦ってこれを常陸《ひたち》に追いやった。芦名氏は秀吉の麾下《きか》にあったので、秀吉は激怒し、「上洛して申し開きをせよ」と命じた。

しかし、政宗はなんのかのといい逃れをして、近隣との抗争に明け暮れていた。

十八年、秀吉は小田原征伐のため京を出立《しゅったつ》した。ここへきてさすがの政宗もいい逃れはできなくなった。

「遅きに過ぎるとはいえても早過ぎることはありません。一刻も早く参上すべきです」という片倉小十郎の進言もあり、いざ出発というときの毒入れ騒ぎだった。

五月八日、小十郎以下わずか百騎たらずで夜を日に継いで馳せ参じた。とはいえ、関東は北条方が固めて南下できず、政宗はいったん米沢に出て越後《えちご》から信濃《しなの》を回ったため、小田原に着いたのは六月に入ってからだった。秀吉はすでに小田原城を取り囲んでいた。秀吉は政宗に面会を許さず、伊達勢を箱根山中の底倉《そこぐら》（宮ノ下辺）へ押し込めた。片倉以下家臣の面々は斬り死にの覚悟だったという。

しかし、政宗は少しも恐れなかった。まだ二十四歳の若者である。そればかりか、茶の宗匠千利休《そうしょうせんのりきゅう》が秀吉に従いて小田原に来ていることを知ると、手ほどきを受けられるよう利家に依頼している。

「見上げた心がけだ。一度会うてみよう」

秀吉は政宗に興味を抱いたらしい。

その日、政宗は秀吉の待つ陣屋の普請場《ふしんば》での謁見《えっけん》に臨んだ。諸大名が居並ぶなかを、水引で髪を結び、無腰で秀吉の前に出た。死を覚悟の装束に見えた。

「近う、近う」

秀吉は手にしていた杖で政宗を招き寄せ、その杖を政宗の首筋にひたひたと当て、

「運のよい奴《やっ》じゃ。あと数日遅ければ、ここが危なかったのう」

といった。さすがの政宗も、首に熱湯を浴びせられたように感じたという。

小田原城を落としたあと、秀吉は宇都宮まで兵を進め、そこで政宗の仕置きが決まった。芦名氏を滅ぼした罪で会津・岩瀬・安積の三郡を没収、安達《あだち》郡のうち二本松・塩松・田村だけが安堵《あんど》された。

## トップの怒りをやりすごすパフォーマンス

ところで政宗は、茶の湯も能楽も嗜《たしな》む教養人だが、多少キザなところもある。後世まで「伊達」といえば見栄っ張りや目立ちたがり屋の代名詞になったように、とかく人目を引く行動に出る。どこか作為《さくい》がある。もっとも秀吉もかなりの派手好みであったから、両人は気脈の通じるところがあったのだろう。

天正十九年、仙北の旧葛西《かさい》・大崎領で大一揆《いっき》が起こった。秀吉の検地政策に反対する土一揆が発端《ほったん》という。

一揆は政宗に代わって会津および仙東地方を領した蒲生氏郷《がもううじさと》が鎮圧したが、一揆を煽動《せんどう》したのは政宗だと、訴え出た者がいた。証拠として政宗の書簡まで提出している。氏郷は、その書簡を示しつつ政宗を詰問《きつもん》した。これに対し、

「わたしの印形には隠し印がござる。すなわち、これこの花押《かおう》の鶺鴒《せきれい》の目を針で刺して瞳とする。そちらの示される謀書と見比べていただきたい」

政宗は別人に与えた書簡を出して氏郷に示した。

それでも氏郷は納得せず、事の顚末《てんまつ》を秀吉に報告する。秀吉は怒って、直ちに上洛《じょうらく》

して弁明するよう政宗に命じた。政宗は死に装束《しょうぞく》に身を包んで、すぐさま出発した。しかもなんと、行列の先頭に金銀箔を塗りつけた磔柱《はりつけばしら》を押し立て、「政宗、並の磔にては口惜《くちお》し」との心意気だったという。これには、さほどのことには驚かない京童《きょうわらべ》もびっくりしたことだろう。秀吉は、パフォーマンスはすでにお見通しで、苦笑しながらもすべての疑惑を水に流したという。

## 先の先を見据えた視点

政宗が家臣の支倉常長《はせくらつねなが》をローマに遣わしたのは慶長十八年（一六一三）である。天下はすでに家康による徳川幕府が成立しており、前年にはキリシタン禁令が出ていた。この時期にあえて家臣をヨーロッパに送り込んだ政宗の真意はどこにあったのだろう。

一つには禁令を甘くみていた点があったろう。西洋諸国の情勢を探って、貿易の促進を図ったというのが大方の見方である。それはそれとして、政宗には「海外に雄飛《ゆうひ》する」という、大きな夢があったのではなかろうか。政宗の志すところは、つねに他人の及ばないところにある。

しかし、政宗の壮大な意図は、潰《つい》えた。常長が膨大な交易品を得て帰国した元和六年（一六二〇）は、二代将軍秀忠《ひでただ》の時代になり、キリシタン禁令は以前にも増して強化されていた。常長は失意のうちに不遇な晩年を送った。政宗は無念であったろう。

本書は、本文庫のために書き下ろされたものです。

鈴木亨（すずき・とおる）
1932年、福島県会津生まれ。早稲田大学仏文科卒。人物往来社出版部長、月刊誌『歴史と旅』（秋田書店）編集長を歴任。現在、著述業。日本文芸家協会会員。
主な著書に『古代天皇の都』（学研）、『古墳探訪』『新選組100話』（以上、中公文庫）、『鎌倉幕府』（立風書房）、『名字から歴史を読む方法』『へたな人生論より中国の故事寓話』（河出書房新社）、『再現・新選組』（三修社）、編著に『「新撰組」全隊士録』（講談社）などがある。

知的生きかた文庫

戦国知将《せんごくちしょう》「強者《きょうしゃ》の論理《ろんり》」

著者　鈴木《すずき》亨《とおる》
発行者　押鐘冨士雄
発行所　株式会社三笠書房
郵便番号一一二-〇〇〇四
東京都文京区後楽一-四-一四
電話〇三-三八一四-一一六一〈営業部〉
〇三-三八一四-一一八一〈編集部〉
振替〇〇一三〇-八-二二〇九六
http://www.mikasashobo.co.jp
印刷　誠宏印刷
製本　宮田製本

ISBN4-8379-7432-5 C0121
落丁・乱丁本は当社にてお取替えいたします。
定価・発行日はカバーに表示してあります。